Trend-Muffins

Jutta Renz • Kerstin Cotrus

Trend-Muffins

Mit Fotografien von Kai Mewes

Weltbild

Inhalt

Trends, Tipps und Tricks

Muffins, die kleinen saftigen Rührkuchen aus den USA, sind einfach klasse. Ob im Büro, bei der Geburtstagsparty, bei der Wohnungseinweihung oder beim Brunch: Eine kleine Auswahl an Muffins macht echt was her. Dabei sind die süßen Dinger auch noch viel schneller fertig als ein gewöhnlicher Kuchen. Experimentierfeld Einbauküche: Machen Sie bei den klassischen Backzutaten nicht Halt, sondern probieren Sie öfter etwas Neues aus. Denn Abwechslung ist angesagt. Und Muffins mit Schokoriegeln, Marshmallows, cremigen Füllungen und ausgefallenen Aromen liegen voll im Trend. Einfach superlecker!

Backen leicht gemacht

Muffins backen macht Spaß und ist kinderleicht. So gelingt das Trendgebäck garantiert.

- Den Backofen auf 180 °C (Umluft 160 °C) vorheizen. Muffins nie in den kalten Backofen geben, sie gehen dann nicht so schön auf.
- Damit sich die Muffins gut aus der Form lösen lassen, müssen Sie die Vertiefungen des Muffinblechs gut einfetten. Stellen Sie es dann für 10 bis 15 Minuten in den Gefrierschrank.
- Wer Kalorien sparen will, setzt Papierförmchen in die Blech-Vertiefungen.
- Statt Natron können Sie auch eine zusätzliche Dosis Backpulver in den Teig geben.
- Die trockenen und die feuchten Zutaten stets getrennt voneinander vermischen. Erst ganz zum Schluss wird alles miteinander verrührt. Damit die Muffins schön locker und saftig werden, dürfen Sie nicht zu lange rühren. Der Teig darf ruhig noch etwas klumpig sein und Mehlspuren enthalten. Wird zu lange gerührt, gehen die Muffins nicht richtig auf.
- Füllen Sie die Blech-Vertiefungen nur zu zwei Dritteln. Sonst kann es passieren, dass der Teig beim Backen über den Rand quillt und die Muffins aneinander kleben.
- Die Muffins sofort backen, sonst geht der Teig nicht richtig auf.
- Die Backofentür zwischendurch nicht öffnen. Die Muffins fallen sonst in sich zusammen.
- Lassen Sie die Muffins nach dem Backen noch 5 Minuten im Blech ruhen.

Backen auf Vorrat

Luftdicht verpackt bleiben Muffins im Kühlschrank bis zu eine Woche frisch. Das Gebäck eignet sich aber auch hervorragend zum Einfrieren. Backen Sie daher ruhig auf Vorrat!

Bevor die Muffins (mitsamt den Backförmchen) in die Tiefkühltruhe wandern, müssen Sie auf einem Kuchengitter völlig abkühlen. Anschließend luftdicht in Gefrierdosen oder -tüten verpacken. So halten sie sich etwa drei Monate. Bei Bedarf herausnehmen und im heißen Backofen (180 °C, Umluft 160 °C) 10 bis 15 Minuten auftauen. Noch schneller geht es im Mikrowellenherd. Bei 600 Watt dauert das Ganze nur 2 bis 3 Minuten.

Standard-Muffins und Mini-Muffins

Mit der folgenden Liste können Sie die Zutaten für Standard-Muffins problemlos auf Mini-Muffins umrechnen. Sie müssen die im Rezept angegebene Zutatenmenge nur entsprechend verringern. Und so geht's:

- Mehl: stets 190 Gramm
- Backpulver: stets 1 ½ Teelöffel
- Natron: stets ½ Teelöffel
- Ei: stets 1 Ei
- Zucker: ⅔ der Menge
- Gewürze (z. B. Zimt, Zitronenschale, Kakaopulver, Nelken): ½ der Menge
- Nüsse und Mandeln: ⅔ der Menge
- Schokolade und Schokoriegel: ⅔ der Menge
- Feuchte Zutaten (z. B. Öl, Buttermilch, Joghurt, Quark): ⅔ der Menge
- Glasur (Schoko und Zucker): gleiche Menge

Viel Spaß beim Backen!

Süßig
Mu

Aus Schokoriegeln, Marsh-

mallows oder Popcorn können

Sie die raffiniertesten Muffins backen.

Die süßen und bunten Küchlein lassen nicht

nur Kinderherzen höher schlagen. Bestimmt

entdecken auch Sie bald Ihren Favoriten!

keiten-
ffins

Bounty-Muffins

ERGIBT 24 MINI-MUFFINS

1 Bounty-Riegel (57 g)
190 g Mehl
1 1/2 TL Backpulver
1/2 TL Natron
1 Ei
40 g Zucker
1 TL Vanillezucker
60 ml Pflanzenöl
200 ml Buttermilch
100 g Vollmilchkuvertüre
3 EL Kokosraspel
Fett für das Blech oder 24 Papierförmchen

1 Den Backofen auf 180 °C (Umluft 160 °C) vorheizen. Die Vertiefungen eines Muffinblechs einfetten und das Blech in den Gefrierschrank stellen; ersatzweise Papierförmchen in das ungefettete Muffinblech setzen.

2 Den Bounty-Riegel mit einem scharfen Messer in kleine Stückchen schneiden. Das Mehl in einer Schüssel mit den Bounty-Stückchen, dem Backpulver und dem Natron sorgfältig vermischen.

3 In einer weiteren Schüssel das Ei leicht verquirlen. Den Zucker, den Vanillezucker, das Pflanzenöl und die Buttermilch hinzufügen und gut vermischen.

4 Die Mehlmischung zu dem Eigemisch geben und nur so lange rühren, bis die trockenen Zutaten feucht sind.

5 Den Teig in die Blech-Vertiefungen einfüllen. Im heißen Backofen 15 bis 20 Minuten backen. Im Backblech 5 Minuten ruhen lassen, herausnehmen und auf einem Kuchengitter abkühlen lassen.

6 Die Kuvertüre nach Packungsanweisung im Wasserbad schmelzen. Die Muffins in die Kuvertüre tauchen, abtropfen lassen und mit Kokosraspeln bestreuen. Auf einem Kuchengitter trocknen lassen.

Twix-Muffins

1 Den Backofen auf 180 °C (Umluft 160 °C) vorheizen. Die Vertiefungen eines Muffinblechs einfetten und das Blech in den Gefrierschrank stellen; ersatzweise Papierförmchen in das ungefettete Muffinblech setzen.

2 Die Twix-Schokoriegel in kleine Stückchen schneiden. Mit dem Mehl, dem Backpulver und dem Natron sorgfältig vermischen.

3 In einer zweiten großen Schüssel das Ei leicht verquirlen. Zucker, Vanillezucker, Pflanzenöl und Buttermilch dazugeben und alles gut verrühren.

4 Die Mehlmischung zum Eigemisch geben. Nur so lange rühren, bis die trockenen Zutaten feucht sind.

5 Den Teig sofort in die Blech-Vertiefungen einfüllen. Im heißen Backofen 15 bis 20 Minuten backen. Die Muffins 5 Minuten im Backblech ruhen lassen, dann herausnehmen und auf einem Kuchengitter abkühlen lassen.

6 Für die Glasur die Vollmilchkuvertüre im Wasserbad schmelzen und wieder leicht abkühlen lassen. Den Frischkäse, die Milch und den Puderzucker hinzufügen und alles sorgfältig verrühren. Die Muffins gleichmäßig dick mit der Creme bestreichen. Etwas trocknen lassen.

ERGIBT 24 MINI-MUFFINS

1 Pck. Twix-Schokoriegel (58 g)

175 g Mehl

1 ½ TL Backpulver

½ TL Natron

1 Ei

60 g Zucker

1 TL Vanillezucker

60 ml Pflanzenöl

200 ml Buttermilch

150 g Vollmilchkuvertüre

175 g Frischkäse

40 ml Milch

1 EL Puderzucker

Fett für das Blech oder 24 Papierförmchen

Lion-Muffins

1 Den Backofen auf 180 °C (Umluft 160 °C) vorheizen. Die Vertiefungen eines Muffinblechs einfetten und das Blech in den Gefrierschrank stellen; ersatzweise Papierförmchen in das ungefettete Muffinblech setzen.

2 1 Lion in kleine Stückchen schneiden. Das Mehl mit den Lion-Stückchen, dem Kakao, dem Backpulver und dem Natron sorgfältig vermischen.

3 In einer weiteren Schüssel das Ei leicht verquirlen. Den Zucker, den Vanillezucker, das Pflanzenöl und die Buttermilch dazugeben und gut verrühren. Die Mehlmischung zum Eigemisch geben. Nur so lange rühren, bis die trockenen Zutaten feucht sind.

4 2 Lion-Riegel in 12 gleich große Stücke schneiden. Die Hälfte des Teiges in die Blech-Vertiefungen einfüllen. Je ein Stück Lion-Riegel als Füllung darauf geben und mit dem restlichen Teig auffüllen. Im heißen Backofen 20 bis 25 Minuten backen. Die Muffins im Backblech 5 Minuten ruhen lassen, dann herausnehmen und völlig abkühlen lassen.

5 Die Kuvertüre im Wasserbad schmelzen. Den letzten Riegel in 12 Scheibchen schneiden. Die Muffins in die Kuvertüre tauchen, abtropfen lassen und mit den Lion-Scheibchen hübsch verzieren.

ERGIBT 12 STANDARD-MUFFINS

4 Lion-Schokoriegel (à 69 g)

260 g Mehl

2 EL Kakaopulver

2 TL Backpulver

1/2 TL Natron

1 Ei

90 g Zucker

1 Pck. Vanillezucker

80 ml Pflanzenöl

280 ml Buttermilch

150 g Vollmilchkuvertüre

Fett für das Blech oder 12 Papierförmchen

Milky Way-Muffins

ERGIBT 24 MINI-MUFFINS

130 ml Sahne

9 Milky Way-Riegel (à 25 g)

190 g Mehl

1 1/2 TL Backpulver

1/2 TL Natron

1 Ei

60 g Zucker

60 ml Pflanzenöl

100 ml Buttermilch

Fett für das Blech oder 24 Papierförmchen

1 Den Backofen auf 180 °C (Umluft 160 °C) vorheizen. Die Vertiefungen eines Muffinblechs einfetten und das Blech in den Gefrierschrank stellen; ersatzweise Papierförmchen in das ungefettete Muffinblech setzen.

2 90 ml Sahne zusammen mit 3 Milky Way-Riegeln in einem kleinen Topf so lange erhitzen, bis die Riegel geschmolzen sind. Den Topf beiseite stellen; die Masse abkühlen lassen. Das Mehl mit dem Backpulver und dem Natron vermischen.

3 In einer zweiten großen Schüssel das Ei leicht verquirlen. Die Milky Way-Sahne, den Zucker, das Pflanzenöl und die Buttermilch dazugeben und alles gut verrühren. Die Mehlmischung zum Eigemisch geben und nur so lange rühren, bis die trockenen Zutaten feucht sind.

4 Den Teig sofort in die Blech-Vertiefungen einfüllen. Im heißen Backofen 15 bis 20 Minuten backen. Die Muffins im Backblech 5 Minuten ruhen lassen, dann herausnehmen und auf einem Kuchengitter auskühlen lassen.

5 Die restliche Sahne zusammen mit 3 Milky Way-Riegeln so lange erhitzen, bis die Riegel geschmolzen sind; abkühlen lassen. Die 3 letzten Riegel in 24 Stücke schneiden. Die Muffins in die Glasur eintauchen und mit den Milky Way-Stückchen verzieren.

Mars-Muffins

Ergibt 24 Mini-Muffins

4 Mars-Riegel (à 58 g)

190 g Mehl

1 1/2 TL Backpulver

1/2 TL Natron

1 Ei

60 g Zucker

60 ml Pflanzenöl

200 ml Buttermilch

40 g Sahne

Fett für das Blech oder 24 Papierförmchen

1 Den Backofen auf 180 °C (Umluft 160 °C) vorheizen. Die Vertiefungen eines Muffinblechs einfetten und das Blech in den Gefrierschrank stellen; ersatzweise Papierförmchen in das ungefettete Muffinblech setzen.

2 1 Mars-Riegel in kleine Stückchen schneiden. Das Mehl mit den Mars-Stückchen, dem Backpulver und dem Natron sorgfältig vermischen.

3 In einer weiteren Schüssel das Ei leicht verquirlen. Den Zucker, das Pflanzenöl und die Buttermilch dazugeben und alles gut verrühren.

4 Die Mehlmischung zum Eigemisch geben und nur so lange rühren, bis die trockenen Zutaten feucht sind.

5 Den Teig in die Blech-Vertiefungen einfüllen. Die Muffins im heißen Backofen 15 bis 20 Minuten backen. 5 Minuten im Backblech ruhen lassen, dann herausnehmen und auf einem Kuchengitter abkühlen lassen.

6 Für die Glasur die Sahne zusammen mit 1 Mars-Riegel so lange erhitzen, bis sich der Riegel vollständig aufgelöst hat; abkühlen lassen. Die beiden letzten Schokoriegel in insgesamt 24 Stücke schneiden. Die Muffins in den Guss tauchen, abtropfen lassen und mit den Mars-Stückchen verzieren.

Snickers-Muffins

1 Den Backofen auf 180 °C (Umluft 160 °C) vorheizen. Die Vertiefungen eines Muffinblechs einfetten und das Blech in den Gefrierschrank stellen; ersatzweise Papierförmchen in das ungefettete Muffinblech setzen.

2 Das Snickers mit einem scharfen Messer in kleine Stückchen schneiden. Das Mehl in einer Schüssel mit den Snickers-Stückchen, dem Backpulver und dem Natron sorgfältig vermischen.

3 In einer zweiten großen Schüssel das Ei leicht verquirlen. Den Zucker, 30 Gramm Erdnussbutter, das Pflanzenöl und die Buttermilch dazugeben und alles gut verrühren.

4 Die Mehlmischung zum Eigemisch geben. Nur so lange rühren, bis die trockenen Zutaten feucht sind.

5 Den Teig sofort in die Blech-Vertiefungen einfüllen. 15 bis 20 Minuten im heißen Backofen backen. Die Muffins 5 Minuten ruhen lassen, dann herausnehmen und auf einem Kuchengitter abkühlen lassen.

6 Für den Guss die restliche Erdnussbutter, den Honig und die Butter zu einer glatten Creme verrühren. Die Muffins gleichmäßig dick mit der Glasur bestreichen und mit gehackten Erdnüssen bestreuen.

ERGIBT 24 MINI-MUFFINS

1 Snickers (69 g)

160 g Mehl

2 TL Backpulver

1/2 TL Natron

1 Ei

60 g Zucker

130 g Erdnussbutter

60 ml Pflanzenöl

200 ml Buttermilch

80 g flüssiger Honig

1 1/2 EL weiche Butter

30 g gehackte Erdnüsse (ungesalzen)

Fett für das Blech oder 24 Papierförmchen

Kitkat-Muffins

ERGIBT 24 MINI-MUFFINS

2 Kitkat-Riegel (à 45 g)

190 g Mehl

1 1/2 TL Backpulver

1/2 TL Natron

1 Ei

60 g Zucker

1 TL Vanillezucker

60 ml Pflanzenöl

200 ml Buttermilch

100 g Vollmilchkuvertüre

Fett für das Blech oder 24 Papierförmchen

1 Den Backofen auf 180 °C (Umluft 160 °C) vorheizen. Die Vertiefungen eines Muffinblechs einfetten und das Blech in den Gefrierschrank stellen; ersatzweise Papierförmchen in das ungefettete Muffinblech setzen.

2 1 Kitkat-Riegel in kleine Stückchen schneiden. Das Mehl, die Kitkat-Stückchen, das Backpulver und das Natron sorgfältig vermischen.

3 In einer zweiten Schüssel das Ei leicht verquirlen. Zucker, Vanillezucker, Pflanzenöl und Buttermilch zugeben und alles gut verrühren.

4 Die Mehlmischung zum Eigemisch geben und nur so lange rühren, bis die trockenen Zutaten feucht sind.

5 Den Teig in die Blech-Vertiefungen einfüllen. Im heißen Backofen 15 bis 20 Minuten backen. Anschließend die Muffins im Backblech 5 Minuten ruhen lassen. Erst dann herausnehmen und auf einem Kuchengitter völlig abkühlen lassen.

6 Die Vollmilchkuvertüre nach Packungsanweisung im Wasserbad schmelzen. Den zweiten Riegel zerbröseln. Die Muffins kopfüber in die Kuvertüre tauchen, abtropfen lassen und mit den Kitkat-Bröseln bestreuen. Auf einem Kuchengitter abtropfen lassen.

Milchschnitten-Muffins

1 Den Backofen auf 180 °C (Umluft 160 °C) vorheizen. Die Vertiefungen eines Muffinblechs einfetten und das Blech in den Gefrierschrank stellen; erstatzweise Papierförmchen in das ungefettete Muffinblech setzen.

2 Die Milchschnitten in kleine Stücke schneiden. Das Mehl mit den Milchschnittenstückchen, dem Backpulver und dem Natron sorgfältig vermischen.

3 In einer weiteren Schüssel das Ei leicht verquirlen. Den Zucker, den Vanillezucker, das Pflanzenöl und die Buttermilch zugeben und alles sorgfältig verrühren.

4 Die Mehlmischung zum Eigemisch geben. Anschließend nur noch so lange rühren, bis die trockenen Zutaten gerade etwas feucht sind.

5 Den Teig in die Blech-Vertiefungen einfüllen. Die Muffins im heißen Backofen 15 bis 20 Minuten backen. 5 Minuten im Backblech ruhen lassen, dann herausnehmen und auf einem Kuchengitter abkühlen lassen.

6 Die weiße Kuvertüre nach Packungsanweisung im heißen Wasserbad schmelzen. Die Muffins kopfüber hineintauchen, abtropfen lassen und mit Schokostreusel bestreuen. Auf einem Kuchengitter trocknen lassen.

ERGIBT 24 MINI-MUFFINS

2 Milchschnitten (à 28 g)

190 g Mehl

1 1/2 TL Backpulver

1/2 TL Natron

1 Ei

60 g Zucker

1 TL Vanillezucker

60 ml Pflanzenöl

200 ml Buttermilch

100 g weiße Kuvertüre

4 EL Schokostreusel

Fett für das Blech oder 24 Papierförmchen

Kinder Schokolade-Muffins

ERGIBT 24 MINI-MUFFINS

40 g Kinder Schokolade

190 g Mehl

1 1/2 EL Kakaopulver

1 1/2 TL Backpulver

1/2 TL Natron

1 Ei

70 g Zucker

60 ml Pflanzenöl

220 ml Buttermilch

100 g Vollmilchkuvertüre

40 g weiße Kuvertüre

Fett für das Blech oder 24 Papierförmchen

1 Den Backofen auf 180 °C (Umluft 160 °C) vorheizen. Die Vertiefungen eines Muffinblechs einfetten und das Blech in den Gefrierschrank stellen; ersatzweise Papierförmchen in das ungefettete Muffinblech setzen.

2 Die Kinder Schokolade in kleine Stückchen schneiden. Das Mehl mit den Schokoladenstückchen, dem Kakao, dem Backpulver und dem Natron sorgfältig vermischen.

3 In einer zweiten großen Schüssel das Ei leicht verquirlen. Zucker, Pflanzenöl und Buttermilch dazugeben und alles gut miteinander verrühren.

4 Die Mehlmischung zum Eigemisch geben und nur so lange rühren, bis die trockenen Zutaten feucht sind.

5 Den Teig in die Blech-Vertiefungen einfüllen. Im heißen Backofen 15 bis 20 Minuten backen. Die Muffins in der Backform 5 Minuten ruhen lassen, dann herausnehmen und auf einem Kuchengitter abkühlen lassen.

6 Die beiden Kuvertüren nach Packungsanweisung getrennt voneinander im Wasserbad schmelzen. Die Muffins zuerst in die dunkle Kuvertüre eintauchen, abtropfen lassen und dann mit der hellen Kuvertüre verzieren. Auf einem Kuchengitter trocknen lassen.

Popcorn-Schoko-Muffins

ERGIBT 12 STANDARD-MUFFINS

50 g frisches Popcorn
150 g Vollmilchkuvertüre
200 g Vollmilchschokolade
4 Blatt Gelatine
400 ml Sahne
2 Pck. Vanillezucker
12 Papierförmchen

1 Die Papierförmchen in die ungefetteten Vertiefungen eines Muffinblechs setzen.

2 Das Popcorn fein zerkleinern. Die Vollmilchkuvertüre nach Packungsanweisung im Wasserbad schmelzen. Das Popcorn mit der Kuvertüre vermischen und die Masse als Boden etwa 1 Zentimeter dick in die Papierförmchen füllen.

3 Für die Schokosahne die Vollmilchschokolade im Wasserbad schmelzen. Die Gelatine 5 Minuten in kaltem Wasser einweichen, ausdrücken und in 3 Esslöffel heißem Wasser auflösen. Unter die flüssige Schokolade rühren. Die Sahne mit dem Vanillezucker steif schlagen und mit einem Schneebesen vorsichtig unter die Schoko-Gelatine-Masse heben.

4 So viel Schokosahne auf den Popcornboden geben, bis die Papierförmchen gerade voll sind. Die Schokosahne glatt streichen. Muffins sowie die übrig gebliebene Schokosahne im Kühlschrank 1 bis 2 Stunden kalt stellen.

5 Die Unterseite eines Backblechs mit Backpapier belegen. Das Backblech auf das Muffinblech legen und beides gemeinsam umdrehen. Das Muffinblech vorsichtig abheben und die Muffins umdrehen. Die restliche Schokosahne in einen Spritzbeutel mit großer Sterntülle füllen und die Muffins hübsch verzieren.

Milchreis-Muffins

1 Den Backofen auf 180 °C (Umluft 160 °C) vorheizen. Die Vertiefungen eines Muffinblechs einfetten und das Blech in den Gefrierschrank stellen; ersatzweise Papierförmchen in das ungefettete Muffinblech setzen.

2 Das Mehl mit 1/2 Teelöffel Zimt, dem Backpulver und dem Natron sorgfältig vermischen.

3 In einer weiteren Schüssel das Ei leicht verquirlen. 60 Gramm Zucker, das Pflanzenöl, die Buttermilch und den Milchreis dazugeben und alles sorgfältig verrühren.

4 Die Mehlmischung zum Eigemisch geben. Nur so lange rühren, bis die trockenen Zutaten feucht sind. Den restlichen Zucker und Zimt miteinander vermischen.

5 Den Teig in die Blech-Vertiefungen einfüllen und mit dem Zimtzucker bestreuen. Die Muffins im heißen Backofen 15 bis 20 Minuten backen. 5 Minuten im Backblech ruhen lassen, dann herausnehmen und nach Belieben warm oder kalt servieren.

Tipp *Besonders lecker schmecken die Muffins, wenn Sie sie mit einem Zuckerguss aus 150 Gramm Puderzucker und 3 bis 4 EL Zitronensaft oder 100 Gramm Haselnusskuvertüre überziehen.*

ERGIBT 24 MINI-MUFFINS

190 g Mehl

1 1/2 TL Zimt

1 1/2 TL Backpulver

1/2 TL Natron

1 Ei

90 g Zucker

60 ml Pflanzenöl

50 ml Buttermilch

150 g Milchreis mit Zimtgeschmack (Fertigprodukt)

Fett für das Blech oder 24 Papierförmchen

Marshmallow-Muffins

1 Den Backofen auf 180 °C (Umluft 160 °C) vorheizen. Die Vertiefungen eines Muffinblechs einfetten und das Blech in den Gefrierschrank stellen; ersatzweise Papierförmchen in das ungefettete Muffinblech setzen.

2 40 g Marshmallows in kleine Stücke schneiden. Das Mehl mit den Marshmallow-Stückchen, der Raspelschokolade, den Walnüssen, dem Backpulver und dem Natron sorgfältig vermischen.

3 In einer weiteren Schüssel das Ei leicht verquirlen. Den Zucker, das Vanillearoma, das Pflanzenöl und die Buttermilch dazugeben und alles gut verrühren. Die Mehlmischung zugeben. Nur so lange rühren, bis die trockenen Zutaten feucht sind.

4 Den Teig in die Blech-Vertiefungen einfüllen. Im heißen Backofen 20 bis 25 Minuten backen. Die Muffins im Backblech 5 Minuten ruhen lassen, dann herauslösen und auf einem Kuchengitter abkühlen lassen.

5 Die Vollmilchkuvertüre nach Packungsanweisung im heißen Wasserbad schmelzen lassen. Die Muffins hineintauchen, abtropfen lassen und mit den restlichen Marshmallows hübsch verzieren. Die Muffins auf einem Küchengitter völlig trocknen lassen.

ERGIBT 12 STANDARD-MUFFINS

100 g Marshmallows

250 g Mehl

30 g Raspelschokolade

30 g gehackte Walnüsse

2 TL Backpulver

1/2 TL Natron

1 Ei

90 g Zucker

1/2 Fl. Vanillearoma

80 ml Pflanzenöl

280 ml Buttermilch

150 g Vollmilchkuvertüre

Fett für das Blech oder 12 Papierförmchen

Viennetta-Muffins

ERGIBT 12 STANDARD-MUFFINS

260 g Mehl

2 TL abgeriebene Schale einer unbehandelten Orange

2 TL Backpulver

½ TL Natron

1 Ei

90 g Zucker

80 ml Pflanzenöl

200 g Viennetta-Orange-Chocolate-Eiscreme

170 ml Orangensaft

50 ml Buttermilch

100 g Mascarpone

50 g Quark

2 EL Puderzucker

4 EL Raspelschokolade

Fett für das Blech oder 12 Papierförmchen

1 Den Backofen auf 180 °C (Umluft 160 °C) vorheizen. Die Vertiefungen eines Muffinblechs einfetten und das Blech in den Gefrierschrank stellen; ersatzweise Papierförmchen in das ungefettete Muffinblech setzen.

2 Das Mehl in einer Schüssel mit 1 Teelöffel abgeriebener Orangenschale, dem Backpulver und dem Natron sorgfältig vermischen.

3 In einer zweiten Schüssel das Ei leicht verquirlen. Den Zucker, das Pflanzenöl, die Eiscreme, Orangensaft (vorher 2 Esslöffel abnehmen) und die Buttermilch dazugeben und gut verrühren. Die Mehlmischung zum Eigemisch geben und nur noch so lange rühren, bis die trockenen Zutaten gerade etwas feucht sind.

4 Den Teig in die Blech-Vertiefungen einfüllen. Im Backofen 20 bis 25 Minuten backen. Die Muffins im Backblech 5 Minuten ruhen lassen, dann aus den Förmchen nehmen und auf einem Kuchengitter abkühlen lassen.

5 Den Mascarpone mit dem Quark, dem verbliebenen Orangensaft, dem Puderzucker und der restlichen Orangenschale zu einer glatten Creme verrühren. Die Muffins damit bestreichen und mit der Raspelschokolade bestreuen. Bis zum Servieren kühl stellen.

Nutella-Muffins

1 Den Backofen auf 180 °C (Umluft 160 °C) vorheizen. Die Vertiefungen eines Muffinblechs einfetten und das Blech in den Gefrierschrank stellen; ersatzweise Papierförmchen in das ungefettete Muffinblech setzen.

2 Das Mehl mit den Nüssen, dem Kakaopulver, dem Backpulver und dem Natron sorgfältig vermischen.

3 In einer zweiten Schüssel das Ei leicht verquirlen. Zucker, Pflanzenöl, Buttermilch und Nutella hinzufügen und alles gut miteinander verrühren. Die Mehlmischung dazugeben. Nur so lange rühren, bis die trockenen Zutaten feucht sind.

4 Die Hälfte des Teiges in den Vertiefungen des Muffinblechs verteilen. Jeweils etwa 1 Teelöffel Füllung darauf geben und mit dem restlichen Teig auffüllen. Die Muffins im heißen Backofen 20 bis 25 Minuten backen. 5 Minuten im Backblech ruhen lassen, dann herausnehmen und noch warm servieren.

Tipp *Sie können die Nutella-Muffins auch füllen. Für die Creme vermischen Sie je 60 Gramm Frischkäse und Nutella mit 1 bis 2 Esslöffel Milch. Füllen Sie die Hälfte des Teiges in die Blech-Vertiefungen, geben Sie jeweils 1 Teelöffel Creme darauf und füllen Sie mit dem restlichen Teig auf.*

ERGIBT 12 STANDARD-MUFFINS

240 g Mehl

60 g gemahlene Haselnüsse

2 EL Kakaopulver

2 TL Backpulver

½ TL Natron

1 Ei

50 g Zucker

80 ml Pflanzenöl

200 ml Buttermilch

100 g Nutella

Fett für das Blech oder 12 Papierförmchen

Mohrenkopf-Muffins

1 Den Backofen auf 180 °C (Umluft 160 °C) vorheizen. Die Vertiefungen eines Muffinblechs einfetten und das Blech in den Gefrierschrank stellen.

2 Von 12 Mohrenköpfen die Waffeln abschneiden und in kleine Stücke schneiden. Das Mehl in eine Schüssel geben und mit den Waffelstückchen, dem Vanillezucker, dem Backpulver und dem Natron sorgfältig vermischen.

3 Das Ei leicht verquirlen. Die Mohrenkopf-Oberteile, Pflanzenöl, Zucker und Buttermilch zufügen. Die Mehlmischung unterrühren, bis die trockenen Zutaten feucht sind.

4 Den Teig in die Blech-Vertiefungen einfüllen. Im heißen Backofen 20 bis 25 Minuten backen. Die Muffins 5 Minuten im Backblech ruhen lassen, dann herauslösen und auf einem Kuchengitter abkühlen lassen.

5 Die Muffins waagerecht durchschneiden und je 1 Mohrenkopf zwischen den Muffinshälften zerdrücken. Für die Glasur den Mascarpone mit dem Puderzucker sorgfältig verrühren. Von den letzten 12 Mohrenköpfen die Waffeln abschneiden. Die Mohrenkopf-Oberteile zerdrücken und vorsichtig unter den Mascarpone heben. Die Muffins gleichmäßig mit der Creme bestreichen und mit den Mohrenkopf-Waffeln hübsch verzieren.

ERGIBT 12 STANDARD-MUFFINS

36 Mini-Mohrenköpfe
250 g Mehl
1 Pck. Vanillezucker
2 TL Backpulver
½ TL Natron
1 Ei
80 ml Pflanzenöl
45 g Zucker
230 ml Buttermilch
100 g Mascarpone
2 EL Puderzucker
Fett für das Blech

Giotto-Muffins

ERGIBT 24 MINI-MUFFINS

19 Giotto-Konfekt-Kugeln

190 g Mehl

40 g gehackte Haselnüsse

1 1/2 TL Backpulver

1/2 TL Natron

1 Ei

60 g Zucker

60 ml Pflanzenöl

120 g Mascarpone

90 ml Buttermilch

100 g Haselnusskuvertüre

Fett für das Blech oder 24 Papierförmchen

1 Den Backofen auf 180 °C (Umluft 160 °C) vorheizen. Die Vertiefungen eines Muffinblechs einfetten und das Blech in den Gefrierschrank stellen; ersatzweise Papierförmchen in das ungefettete Muffinblech setzen.

2 7 Giotto-Konfekt-Kugeln in Stücke schneiden. Das Mehl mit den Nüssen, den Konfektstückchen, dem Backpulver und dem Natron sorgfältig vermischen.

3 In einer zweiten Schüssel das Ei leicht verquirlen. Dann Zucker, Pflanzenöl, Mascarpone und Buttermilch dazugeben; alles gut miteinander verrühren.

4 Die Mehlmischung zum Eigemisch geben. Nur so lange rühren, bis die trockenen Zutaten feucht sind.

5 Den Teig in die Blech-Vertiefungen einfüllen. Im heißen Backofen 15 bis 20 Minuten backen. Die Muffins im Backblech 5 Minuten ruhen lassen. Herausnehmen und auf einem Kuchengitter abkühlen lassen.

6 Die Haselnusskuvertüre nach Packungsanweisung im Wasserbad schmelzen. Die verbliebenen Giotto-Konfekt-Kugeln mit einem scharfen Messer halbieren. Die Muffins in die Kuvertüre eintauchen, abtropfen lassen und mit dem Konfekt verzieren.

Cornflakes-Schoko-Muffins

1 Den Backofen auf 180 °C (Umluft 160 °C) vorheizen. Die Vertiefungen eines Muffinblechs einfetten und das Blech in den Gefrierschrank stellen.

2 Die Vollmilchschokolade im Wasserbad schmelzen. Dann 40 Gramm Cornflakes in einen Gefrierbeutel füllen. Mit einem Nudelholz mehrmals darüber rollen, um die Cornflakes grob zu zerkleinern. Die Cornflakes in die flüssige Schokolade geben und gut verrühren. Die Masse gleichmäßig in den Blech-Vertiefungen verteilen.

3 Die restlichen Cornflakes ebenfalls zerbröseln. Mit dem Mehl, der Raspelschokolade, dem Backpulver und dem Natron sorgfältig vermischen.

4 In einer zweiten Schüssel das Ei leicht verquirlen. Den Zucker, das Pflanzenöl und die Buttermilch zugeben und alles gut miteinander verrühren. Die Mehlmischung zugeben; nur so lange rühren, bis die trockenen Zutaten feucht sind.

5 Den Teig auf die Cornflakes-Schoko-Masse geben. Die Muffins im heißen Backofen 15 bis 20 Minuten backen und anschließend noch 5 Minuten im Blech ruhen lassen. Das Muffinblech vorsichtig stürzen. Eventuell im Blech verbliebene Reste mit einem Löffel aus dem Blech kratzen und auf die Muffins geben.

ERGIBT 24 MINI-MUFFINS

70 g Vollmilchschokolade
70 g Cornflakes
190 g Mehl
30 g Raspelschokolade
1 ½ TL Backpulver
½ TL Natron
1 Ei
50 g Zucker
60 ml Pflanzenöl
200 ml Buttermilch
Fett für das Blech

m&m's-Muffins

ERGIBT 24 MINI-MUFFINS

190 g Mehl

40 g gehackte Erdnüsse (ungesalzen)

1 1/2 Pck. Mini-m&m's (à 32,5 g)

1 1/2 TL Backpulver

1/2 TL Natron

1 Ei

60 g Zucker

60 ml Pflanzenöl

200 ml Buttermilch

100 g Vollmilchkuvertüre

Fett für das Blech oder 24 Papierförmchen

1 Den Backofen auf 180 °C (Umluft 160 °C) vorheizen. Die Vertiefungen eines Muffinblechs einfetten und das Blech in den Gefrierschrank stellen; ersatzweise Papierförmchen in das ungefettete Muffinblech setzen.

2 Das Mehl in einer Schüssel mit den gehackten Erdnüssen, 1 Päckchen Mini-m&m's, dem Backpulver und dem Natron sorgfältig vermischen.

3 In einer weiteren Schüssel das Ei leicht verquirlen. Den Zucker, das Pflanzenöl und die Buttermilch zugeben und alles gut miteinander verrühren.

4 Die Mehlmischung zum Eigemisch geben. Nur so lange rühren, bis die trockenen Zutaten feucht sind.

5 Den Teig in die Blech-Vertiefungen einfüllen. Die Muffins im heißen Backofen 15 bis 20 Minuten backen. 5 Minuten im Backblech ruhen lassen, herauslösen und auf einem Kuchengitter abkühlen lassen.

6 Die Vollmilchkuvertüre nach Packungsanweisung im heißen Wasserbad schmelzen. Die Muffins kopfüber in die flüssige Kuvertüre eintauchen, gut abtropfen lassen und mit den restlichen Mini-m&m's hübsch verzieren. Auf einem Kuchengitter trocknen lassen.

Toblerone-Muffins

ERGIBT 24 MINI-MUFFINS

100 g Toblerone

190 g Mehl

1 ½ TL Backpulver

½ TL Natron

1 Ei

70 g Zucker

60 ml Pflanzenöl

200 ml Buttermilch

100 g Vollmilchkuvertüre

Fett für das Blech oder 24 Papierförmchen

1 Den Backofen auf 180 °C (Umluft 160 °C) vorheizen. Die Vertiefungen eines Muffinblechs einfetten und das Blech in den Gefrierschrank stellen; ersatzweise Papierförmchen in das ungefettete Muffinblech setzen.

2 50 Gramm Toblerone mit einem scharfen Messer in kleine Stücke schneiden. Mit dem Mehl, dem Backpulver und dem Natron sorgfältig vermischen.

3 In einer zweiten Schüssel das Ei leicht verquirlen. Den Zucker, das Pflanzenöl und die Buttermilch dazugeben und alles gut verrühren.

4 Die Mehlmischung zum Eigemisch geben. Nur so lange rühren, bis die trockenen Zutaten feucht sind.

5 Den Teig in die Blech-Vertiefungen einfüllen. Die Muffins im heißen Backofen 15 bis 20 Minuten backen. 5 Minuten im Blech ruhen lassen, dann herauslösen und auf einem Kuchengitter abkühlen lassen.

6 Die Vollmilchkuvertüre nach Packungsanweisung im Wasserbad schmelzen. Die letzten 6 Rippen Toblerone in insgesamt 24 Stückchen schneiden. Die Muffins in die Kuvertüre tauchen, abtropfen lassen und mit den Tobleronestückchen verzieren. Auf einem Kuchengitter trocknen lassen.

Toffifee-Muffins

1 Den Backofen auf 180 °C (Umluft 160 °C) vorheizen. Die Vertiefungen eines Muffinblechs einfetten und das Blech in den Gefrierschrank stellen; ersatzweise Papierförmchen in das ungefettete Muffinblech setzen.

2 Den Nussnugat nach Packungsanweisung im Wasserbad schmelzen und etwas abkühlen lassen. Das Mehl mit den Haselnüssen, dem Backpulver und dem Natron sorgfältig vermischen.

3 In einer weiteren großen Schüssel das Ei leicht verquirlen. Den Zucker, den Nussnugat, das Pflanzenöl, die saure Sahne und die Buttermilch zugeben und alles gut verrühren. Die Mehlmischung zum Eigemisch geben. Nur so lange rühren, bis die trockenen Zutaten feucht sind.

4 Die Hälfte des Teiges in die Blech-Vertiefungen einfüllen. Je 1 Toffifee als Füllung darauf geben und mit Teig auffüllen. Die Muffins im heißen Backofen 20 bis 25 Minuten backen. 5 Minuten im Backblech ruhen lassen. Herausnehmen und auf einem Kuchengitter abkühlen lassen.

5 Die Kuvertüre nach Packungsanweisung im Wasserbad schmelzen lassen und die Muffins gleichmäßig damit überziehen. Die Kuvertüre leicht trocknen lassen und jeweils 1 Toffifee mit der Wölbung nach oben auf die Muffins setzen.

ERGIBT 12 STANDARD-MUFFINS

80 g Nussnugat
250 g Mehl
50 g gemahlene Haselnüsse
2 1/2 TL Backpulver
1/2 TL Natron
1 Ei
80 g Zucker
60 ml Pflanzenöl
150 g saure Sahne
130 ml Buttermilch
24 Toffifee
100 g Haselnusskuvertüre
Fett für das Blech oder 12 Papierförmchen

Sonn Mu

Die kleinen saftigen Muffins sind eine

tolle Alternative zum Rührkuchen.

Wer Nüsse und Schokolade liebt, kann ins

Volle greifen. Aber auch Gebäckklassiker

wie Bienenstich und Strudel lassen sich

in köstliche Muffins verwandeln.

tags-
ffins

Schwarz-Weiß-Muffins

ERGIBT 12 STANDARD-MUFFINS

280 g Mehl

2 TL Backpulver

1/2 TL Natron

1 Ei, 100 g Zucker

60 ml Pflanzenöl

150 g saure Sahne

150 ml Buttermilch

40 g Vollmilchschokolade

1 EL Kakaopulver

3 EL Milch

40 g weiße Schokolade

75 g Vollmilchkuvertüre

75 g weiße Kuvertüre

Fett für das Blech

1 Den Backofen auf 180 °C (Umluft 160 °C) vorheizen. Die Vertiefungen eines Muffinblechs einfetten und das Blech in den Gefrierschrank stellen.

2 Das Mehl mit dem Backpulver und dem Natron sorgfältig vermischen. In einer weiteren Schüssel das Ei leicht verquirlen. Den Zucker, das Pflanzenöl, die saure Sahne und die Buttermilch dazugeben und alles gut verrühren.

3 Die Mehlmischung zum Eigemisch geben; nur so lange rühren, bis die trockenen Zutaten feucht sind. Den Teig auf zwei Schüsseln verteilen. Die Vollmilchschokolade in nicht zu kleine Stücke schneiden. Mit dem Kakaopulver und der Milch in einen der beiden Teige rühren. Die weiße Schokolade klein schneiden und unter die zweite Teighälfte heben.

4 Zuerst den dunklen Teig, dann den hellen in die Blech-Vertiefungen einfüllen. Die Muffins im heißen Backofen 20 bis 25 Minuten backen. Noch 5 Minuten im Backblech ruhen lassen, dann herausnehmen und auf einem Kuchengitter abkühlen lassen.

5 Die beiden Kuvertüren nach Packungsanweisung getrennt voneinander im Wasserbad schmelzen. Die Muffins mit der Oberseite in die Vollmilch-, mit der Unterseite in die weiße Kuvertüre tauchen.

Schoko-Schicht-Muffins

1 Den Backofen auf 180 °C (Umluft 160 °C) vorheizen. In die ungefetteten Vertiefungen eines Muffinblechs jeweils 1 Papierförmchen setzen.

2 Für die Füllung den Frischkäse mit Puderzucker und Milch glatt rühren. Die Masse in einen Spritzbeutel mit langer, dünner Spritztülle füllen und bis zum weiteren Verbrauch kühl stellen.

3 In einer Schüssel das Mehl mit dem Kakaopulver, dem Backpulver und dem Natron sorgfältig vermischen.

4 In einer zweiten Schüssel das Ei, den Zucker, den Vanillezucker, das Öl und die Buttermilch verrühren. Die Mehlmischung zugeben. Nur so lange rühren, bis die trockenen Zutaten feucht sind.

5 Die Schokotröpfchen gleichmäßig in den Blech-Vertiefungen verteilen. Die Hälfte des Teiges darauf geben. Jeweils 1 Teelöffel Füllung darauf geben und mit dem restlichen Teig gleichmäßig auffüllen.

6 Die Muffins im heißen Backofen 25 bis 30 Minuten backen. Noch 5 Minuten im Blech ruhen lassen. Erst dann vorsichtig aus der Form herausnehmen und nach Belieben warm oder kalt servieren.

ERGIBT 12 STANDARD-MUFFINS

100 g Doppelrahmfrischkäse

2 EL Puderzucker

1 EL Milch

250 g Mehl

3 EL Kakaopulver

2 TL Backpulver

½ TL Natron

1 Ei

90 g Zucker

1 Pck. Vanillezucker

80 ml Pflanzenöl

280 ml Buttermilch

125 g Schokotröpfchen

12 Papierförmchen

Ingwer-Schoko-Muffins

ERGIBT 12 STANDARD-MUFFINS

80 g kandierter Ingwer

250 g Mehl

40 g gehackte Walnüsse

2 EL Raspelschokolade

1 EL Kakaopulver

40 g Marzipanrohmasse

1/2 TL Zimt

1 Prise gemahlene Nelken

1 TL abgeriebene Schale einer unbehandelten Zitrone

2 TL Backpulver

1/2 TL Natron

1 Ei, 90 g Zucker

80 ml Pflanzenöl

300 ml Buttermilch

1 EL Rum

150 g Zartbitterkuvertüre

Walnusshälften

Fett für das Blech oder 12 Papierförmchen

1 Den Backofen auf 180 °C (Umluft 160 °C) vorheizen. Die Vertiefungen eines Muffinblechs einfetten und das Blech in den Gefrierschrank stellen; ersatzweise Papierförmchen in das ungefettete Muffinblech setzen.

2 40 Gramm kandierten Ingwer klein schneiden. Mit Mehl, gehackten Walnüssen, Raspelschokolade, Kakaopulver, Marzipanrohmasse in Stückchen, Zimt, Nelken, Zitronenschale, Backpulver und Natron vermischen.

3 In einer weiteren großen Schüssel das Ei leicht verquirlen. Den Zucker, das Pflanzenöl, die Buttermilch und den Rum dazugeben und gut verrühren.

4 Die Mehlmischung zum Eigemisch geben. Nur so lange rühren, bis die trockenen Zutaten feucht sind.

5 Den Teig in die Blech-Vertiefungen einfüllen. Im heißen Backofen 20 bis 25 Minuten backen. Die Muffins im Backblech 5 Minuten ruhen lassen, dann herausnehmen und auf einem Kuchengitter abkühlen lassen.

6 Die Kuvertüre nach Packungsvorschrift im Wasserbad schmelzen. Die Muffins kopfüber in die flüssige Kuvertüre tauchen, abtropfen lassen und mit Ingwerstückchen und Walnusshälften hübsch verzieren.

Weiße Schokoladen-Muffins

ERGIBT 24 MINI-MUFFINS

160 g weiße Schokolade

190 g Mehl

1 1/2 TL Backpulver

1/2 TL Natron

1 Ei

60 g Zucker

60 ml Pflanzenöl

200 ml Buttermilch

Fett für das Blech oder 24 Papierförmchen

1 Den Backofen auf 180 °C (Umluft 160 °C) vorheizen. Die Vertiefungen eines Muffinblechs einfetten und das Blech in den Gefrierschrank stellen; ersatzweise Papierförmchen in das ungefettete Muffinblech setzen.

2 60 Gramm weiße Schokolade in kleine Stücke schneiden. Sorgfältig mit dem Mehl, dem Backpulver und dem Natron vermischen.

3 In einer weiteren Schüssel das Ei leicht verquirlen. Den Zucker, das Pflanzenöl und die Buttermilch dazugeben und alles gut verrühren. Die Mehlmischung zugeben und nur so lange rühren, bis die trockenen Zutaten feucht sind.

4 Den Teig in die Blech-Vertiefungen einfüllen. Im heißen Backofen 15 bis 20 Minuten backen. Die Muffins 5 Minuten im Backblech ruhen lassen, dann herauslösen und auf einem Kuchengitter abkühlen lassen.

5 Für die Glasur die restliche weiße Schokolade im Wasserbad schmelzen. Die Muffins kopfüber hineintauchen; abtropfen und auf einem Kuchengitter trocknen lassen.

Tipp *Wenn Sie die Muffins zusätzlich mit flüssiger Vollmilchkuvertüre verzieren, sehen sie aus wie marmoriert.*

Ahornsirup-Muffins

1 Den Backofen auf 180 °C (Umluft 160 °C) vorheizen. Die Vertiefungen eines Muffinblechs einfetten und das Blech in den Gefrierschrank stellen; ersatzweise Papierförmchen in das ungefettete Muffinblech setzen.

2 Für die Füllung 80 Gramm gehackte Nüsse mit 60 Milliliter Ahornsirup verrühren; beiseite stellen. Beide Mehlsorten mit den gemahlenen Nüssen, dem Backpulver und dem Natron sorgfältig vermischen.

3 In einer weiteren großen Schüssel das Ei leicht verquirlen. Den restlichen Ahornsirup, das Pflanzenöl und die Buttermilch dazugeben und gut verrühren.

4 Die Mehlmischung zum Eigemisch geben; nur so lange rühren, bis die trockenen Zutaten feucht sind.

5 Die Hälfte des Teiges in die Blech-Vertiefungen einfüllen. Je 1 Teelöffel der Füllung darauf geben und mit dem restlichen Teig auffüllen. Mit den restlichen gehackten Nüssen gleichmäßig bestreuen.

6 Die Muffins im heißen Backofen 20 bis 25 Minuten backen. Anschließend noch 5 Minuten im Backblech ruhen lassen, dann herauslösen. Die Muffins nach Belieben warm oder kalt servieren.

ERGIBT 12 STANDARD-MUFFINS

120 g gehackte Nüsse

140 ml Ahornsirup

120 g Mehl

140 g Vollkornweizenmehl

60 g gemahlene Nüsse

2 TL Backpulver

1/2 TL Natron

1 Ei

80 ml Pflanzenöl

250 ml Buttermilch

Fett für das Blech oder 12 Papierförmchen

Frischkäse-Marzipan-Muffins

ERGIBT 12 STANDARD-MUFFINS

100 g Frischkäse

150 g Marzipanrohmasse

40 g gemahlene Mandeln

230 g Mehl

1 TL Zimt

2 EL Kakaopulver

2 TL Backpulver

½ TL Natron

2 Eier

90 g Zucker

80 ml Pflanzenöl

280 g saure Sahne

2–3 Tropfen Bittermandelöl

150 g Puderzucker

1 EL Rosenwasser

40 g gehackte Pistazien

Fett für das Blech oder 12 Papierförmchen

1 Den Backofen auf 180 °C (Umuft 160 °C) vorheizen. Die Vertiefungen eines Muffinblechs einfetten und das Blech in den Gefrierschrank stellen; ersatzweise Papierförmchen in das ungefettete Muffinblech setzen.

2 Den Frischkäse mit dem Marzipan und den Mandeln in einem kleinen Topf unter Rühren leicht erhitzen, bis sich die Zutaten gleichmäßig miteinander vermischt haben.

3 Das Mehl sorgfältig mit dem Zimt, dem Kakaopulver, dem Backpulver und dem Natron vermengen. In einer zweiten Schüssel die Eier leicht verquirlen und mit dem Zucker, dem Öl, der sauren Sahne und dem Bittermandelöl verrühren. Die Mehlmischung zugeben. Nur so lange rühren, bis die trockenen Zutaten feucht sind.

4 Die Hälfte des Teiges in die Blech-Vertiefungen einfüllen. Je 1 Teelöffel der Frischkäsefüllung darauf geben und mit dem restlichen Teig auffüllen.

5 Die Muffins im heißen Backofen 20 bis 25 Minuten backen. Im Backblech 5 Minuten ruhen lassen, dann herausnehmen und auf einem Kuchengitter abkühlen lassen.

6 Puderzucker mit 2 Esslöffel Wasser und Rosenwasser glatt rühren. Muffins eintauchen und mit Pistazien bestreuen.

Sesam-Muffins

1 Den Backofen auf 180 °C (Umluft 160 °C) vorheizen. Die Vertiefungen eines Muffinblechs einfetten und das Blech in den Gefrierschrank stellen; ersatzweise Papierförmchen in das ungefettete Muffinblech setzen.

2 Das Mehl mit je 40 Gramm Sesam und Haselnusskrokant sowie dem Backpulver und dem Natron vermischen.

3 In einer zweiten Schüssel das Ei leicht verquirlen. Den Zucker, das Pflanzenöl und die Buttermilch zugeben und alles gut miteinander verrühren.

4 Die Mehlmischung zum Eigemisch geben. Nur so lange rühren, bis die trockenen Zutaten feucht sind.

5 Den Teig in die Blech-Vertiefungen einfüllen und mit dem restlichen Sesam und Haselnusskrokant bestreuen. Im heißen Backofen 20 bis 25 Minuten backen. Die Muffins 5 Minuten ruhen lassen, dann vom Blech lösen und noch warm servieren.

Tipp *Sesam entfaltet sein volles Aroma erst dann, wenn er vor dem Gebrauch goldgelb geröstet wird. Da die Samen selbst nicht gerade wenig Fett enthalten, darf beim Rösten kein weiteres Fett in die Pfanne.*

ERGIBT 12 STANDARD-MUFFINS

240 g Mehl

60 g ungeschälter, gerösteter Sesam

60 g Haselnusskrokant

2 TL Backpulver

1/2 TL Natron

1 Ei

60 g Zucker

80 ml Pflanzenöl

280 ml Buttermilch

Fett für das Blech oder 12 Papierförmchen

Igel-Muffins

1 Den Backofen auf 180 °C (Umluft 160 °C) vorheizen. Die Vertiefungen eines Muffinblechs einfetten und das Blech in den Gefrierschrank stellen.

2 Die beiden Mehlsorten mit den Haselnüssen, dem Kakaopulver, dem Zimt, dem Backpulver und dem Natron sorgfältig vermischen.

3 In einer weiteren, großen Schüssel das Ei leicht verquirlen. Den Honig, das Pflanzenöl und die Buttermilch zugeben und alles gut miteinander verrühren.

4 Die Mehlmischung zum Eigemisch geben; nur noch so lange rühren, bis die trockenen Zutaten feucht sind.

5 Den Teig in die Blech-Vertiefungen einfüllen. Im heißen Backofen 20 bis 25 Minuten backen. Die Muffins anschließend noch 5 Minuten im Backblech ruhen lassen, erst dann herauslösen und auf einem Kuchengitter völlig abkühlen lassen.

6 Die Vollmilchkuvertüre nach Packungsanweisung im heißen Wasserbad schmelzen. Die Muffins vollständig in die Kuvertüre tauchen und auf einem Kuchengitter leicht trocknen lassen. Mit Mandelstiften und Zuckerperlen wie kleine Igel verzieren.

ERGIBT 12 STANDARD-MUFFINS

140 g Mehl

120 g Vollkornmehl

60 g gemahlene Haselnüsse

2 EL Kakaopulver

1/2 TL Zimt

2 TL Backpulver

1/2 TL Natron

1 Ei

90 g Honig

80 ml Pflanzenöl

250 ml Buttermilch

200 g Vollmilchkuvertüre

200 g Mandelstifte

24 Zuckerperlen

Fett für das Blech

Erdnuss-Muffins

ERGIBT 12 STANDARD-MUFFINS

260 g Mehl

100 g gehackte Erdnüsse (ungesalzen)

2 TL Backpulver

½ TL Natron

1 Ei

90 g Zucker

60 g Erdnussbutter

80 ml Pflanzenöl

280 ml Buttermilch

4 EL rote Konfitüre (nach Geschmack)

Fett für das Blech oder 12 Papierförmchen

1 Den Backofen auf 180 °C (Umluft 160 °C) vorheizen. Die Vertiefungen eines Muffinblechs einfetten und das Blech in den Gefrierschrank stellen; ersatzweise Backförmchen in das ungefettete Muffinblech setzen.

2 Das Mehl in einer Schüssel mit 60 Gramm gehackten Erdnüssen, dem Backpulver und dem Natron sorgfältig vermischen.

3 In einer zweiten Schüssel das Ei leicht verquirlen. Den Zucker, die Erdnussbutter, das Pflanzenöl und die Buttermilch dazugeben und alles gut miteinander verrühren.

4 Die Mehlmischung zum Eigemisch geben und nur so lange rühren, bis die trockenen Zutaten feucht sind.

5 Die Hälfte des Teiges in die Blech-Vertiefungen einfüllen. Jeweils 1 Teelöffel Konfitüre darauf geben und mit dem restlichen Teig auffüllen. Die Konfitüre muss völlig bedeckt sein. Den Teig mit den restlichen gehackten Erdnüssen bestreuen.

6 Die Muffins im heißen Backofen 20 bis 25 Minuten backen. Anschließend noch 5 Minuten im Blech ruhen lassen, erst dann herauslösen und nach Belieben warm oder kalt servieren.

Haselnuss-Joghurt-Muffins

ERGIBT 24 MINI-MUFFINS

190 g Mehl

80 g gehackte Haselnüsse

1 1/2 TL Backpulver

1/2 TL Natron

1 Ei

60 g Zucker

1 TL Vanillezucker

60 ml Pflanzenöl

200 g Haselnussjoghurt

Fett für das Blech oder 24 Papierförmchen

1 Den Backofen auf 180 °C (Umluft 160 °C) vorheizen. Die Vertiefungen eines Muffinblechs einfetten und das Blech in den Gefrierschrank stellen; ersatzweise Papierförmchen in das ungefettete Muffinblech setzen.

2 Das Mehl mit 50 Gramm gehackten Haselnüssen, Backpulver und Natron sorgfältig vermischen.

3 In einer zweiten Schüssel das Ei leicht verquirlen. Den Zucker, den Vanillezucker, das Pflanzenöl und den Haselnussjoghurt dazugeben und gut miteinander verrühren.

4 Die Mehlmischung zum Eigemisch geben. Nur so lange rühren, bis die trockenen Zutaten feucht sind.

5 Den Teig in die Blech-Vertiefungen füllen und mit den restlichen gehackten Haselnüssen bestreuen. Im heißen Backofen 15 bis 20 Minuten backen. Die Muffins im Backblech 5 Minuten ruhen lassen, herausnehmen und nach Belieben warm oder kalt servieren.

Tipp *Anstatt den Teig mit gehackten Haselnüssen zu bestreuen, können Sie die Muffins auch nach dem Backen mit 100 Gramm Haselnusskuvertüre überziehen und erst dann mit Nüssen bestreuen.*

Möhren-Walnuss-Muffins

1 Den Backofen auf 180 °C (Umluft 160 °C) vorheizen. Die Vertiefungen eines Muffinblechs einfetten und das Blech in den Gefrierschrank stellen; ersatzweise Papierförmchen in das ungefettete Muffinblech setzen.

2 Für die Füllung den Frischkäse mit 2 Esslöffel Ahornsirup und 30 Gramm gehackten Walnüssen verrühren.

3 Das Mehl mit den Möhren, den restlichen Walnüssen, dem Zimt, dem Backpulver und dem Natron vermischen.

4 In einer weiteren Schüssel das Ei leicht verquirlen. Zucker, restlichen Ahornsirup, Pflanzenöl und Buttermilch gut unterrühren. Die Mehlmischung zugeben. Nur so lange rühren, bis die trockenen Zutaten feucht sind.

5 Die Hälfte des Teiges in die Blech-Vertiefungen einfüllen. Jeweils 1 Teelöffel der Füllung darauf geben und mit dem restlichen Teig auffüllen. Im heißen Backofen 20 bis 25 Minuten backen. Die Muffins im Backblech 5 Minuten ruhen lassen, herausnehmen und auf einem Kuchengitter abkühlen lassen.

6 Den Puderzucker mit dem Zitronensaft zu einem glatten Guss verrühren. Die Muffins hineintauchen, abtropfen lassen und mit den Marzipan- oder Zuckermöhren verzieren.

ERGIBT 12 STANDARD-MUFFINS

100 g Frischkäse

80 ml Ahornsirup

90 g gehackte Walnüsse

220 g Mehl

150 g geraspelte Möhren

1/2 TL Zimt

2 TL Backpulver

1/2 TL Natron

1 Ei

50 g Zucker

80 ml Pflanzenöl

200 ml Buttermilch

150 g Puderzucker

3–4 EL Zitronensaft

12 Marzipan- oder Zuckermöhren

Fett für das Blech oder 12 Papierförmchen

Käsekuchen-Muffins

ERGIBT 12 STANDARD-MUFFINS

80 g Frischkäse

1 TL Rum

2 EL Puderzucker

90 g Rosinen

250 g Mehl

2 TL Backpulver

½ TL Natron

1 Ei

90 g Zucker

1 Pck. Vanillezucker

80 ml Pflanzenöl

150 ml Buttermilch

100 g Quark

Fett für das Blech oder 12 Papierförmchen

1 Den Backofen auf 180 °C (Umluft 160 °C) vorheizen. Die Vertiefungen eines Muffinblechs einfetten und das Blech in den Gefrierschrank stellen; ersatzweise Papierförmchen in das ungefettete Muffinblech setzen.

2 Für die Füllung den Frischkäse mit dem Rum und dem Puderzucker glatt rühren. 30 Gramm Rosinen waschen, abtropfen lassen und unter die Creme mischen; beiseite stellen.

3 Das Mehl mit den restlichen Rosinen, dem Backpulver und dem Natron sorgfältig vermischen.

4 In einer weiteren Schüssel das Ei leicht verquirlen. Zucker, Vanillezucker, Pflanzenöl, Buttermilch und Quark gründlich unterrühren.

5 Die Mehlmischung zum Eigemisch zugeben. Nur noch so lange weiterrühren, bis die trockenen Zutaten feucht sind.

6 Die Hälfte des Teiges in die Blech-Vertiefungen füllen. Jeweils 1 Teelöffel der Füllung darauf geben und mit dem restlichen Teig auffüllen. Die Muffins im heißen Backofen 20 bis 25 Minuten backen. Noch 5 Minuten im Blech ruhen lassen, dann herauslösen und nach Belieben warm oder kalt servieren.

Liegnitzer Muffins

1 Den Backofen auf 180 °C (Umluft 160 °C) vorheizen. Die Vertiefungen eines Muffinblechs einfetten und das Blech in den Gefrierschrank stellen; ersatzweise Papierförmchen in das ungefettete Muffinblech setzen.

2 Das Mehl mit den Rosinen, 40 Gramm gehackten Mandeln, Zitronat, Kardamom, Nelken, Zimt, Kakopulver, Backpulver und Natron sorgfältig vermischen.

3 In einer zweiten Schüssel das Ei leicht verquirlen. Zucker, Honig, Zitronenaroma, Pflanzenöl und Buttermilch zugeben und alles gut verrühren. Die Mehlmischung ebenfalls unterrühren, bis die trockenen Zutaten feucht sind.

4 Den Teig in die Blech-Vertiefungen einfüllen. Im heißen Backofen 20 bis 25 Minuten backen. Die Muffins noch 5 Minuten im Backblech ruhen lassen, herauslösen und auf einem Kuchengitter auskühlen lassen.

5 Die Aprikosenkonfitüre durch ein Sieb streichen und mit 1 Esslöffel Wasser aufkochen. Die Muffins gleichmäßig damit bestreichen. Auf einem Kuchengitter trocknen lassen.

6 Die Kuvertüre nach Packungsanweisung im Wasserbad schmelzen. Die Muffins in die Glasur tauchen, abtropfen lassen und mit den restlichen gehackten Mandeln bestreuen.

ERGIBT 12 STANDARD-MUFFINS

250 g Mehl
40 g Rosinen
100 g gehackte Mandeln
40 g Zitronat
1 Prise Kardamom
1/2 TL gemahlene Nelken
1/2 TL Zimt
2 EL Kakaopulver
2 TL Backpulver
1/2 TL Natron
1 Ei
30 g Zucker
60 g Honig
4–5 Tropfen Zitronenaroma
80 ml Pflanzenöl
280 ml Buttermilch
60 g Aprikosenkonfitüre
150 g Zartbitterkuvertüre
Fett für das Blech oder 12 Papierförmchen

Brownie-Muffins

1 Den Backofen auf 180 °C (Umluft 160 °C) vorheizen. Die Vertiefungen eines Muffinblechs einfetten und das Blech in den Gefrierschrank stellen; ersatzweise Papierförmchen in das ungefettete Muffinblech setzen.

2 Das Mehl mit dem Kakaopulver, den Walnüssen, der Raspelschokolade, dem Backpulver und dem Natron sorgfältig vermischen.

3 In einer weiteren großen Schüssel das Ei leicht verquirlen. Den Zucker, das Pflanzenöl, die Trinkschokolade und die Buttermilch dazugeben und alles gut miteinander verrühren.

4 Die Mehlmischung zum Eigemisch geben. Nur so lange rühren, bis die trockenen Zutaten feucht sind.

5 Den Teig in die Blech-Vertiefungen einfüllen. Im heißen Backofen 20 bis 25 Minuten backen. Die Muffins anschließend noch 5 Minuten im Backblech ruhen lassen. Erst dann aus der Form lösen und auf einem Kuchengitter völlig abkühlen lassen.

Tipp *Soll es noch schokoladiger sein? Schmelzen Sie 100 Gramm Vollmilchkuvertüre, tauchen Sie die Muffins hinein und verzieren Sie sie mit je 1 Walnusshälfte.*

ERGIBT 12 STANDARD-MUFFINS

260 g Mehl

2 EL Kakaopulver

60 g gehackte Walnüsse

40 g Raspelschokolade

2 TL Backpulver

1/2 TL Natron

1 Ei

60 g Zucker

80 ml Pflanzenöl

125 ml Trinkschokolade (Fertigprodukt)

180 ml Buttermilch

Fett für das Blech oder 12 Papierförmchen

Karamell-Muffins

ERGIBT 12 STANDARD-MUFFINS

250 g Mehl

$1/2$ TL Muskat

3 TL Backpulver

$1/2$ TL Natron

140 g Zucker

2 Eier

50 g Butter

250 ml Buttermilch

150 g weiße Kuvertüre

Fett für das Blech oder 12 Papierförmchen

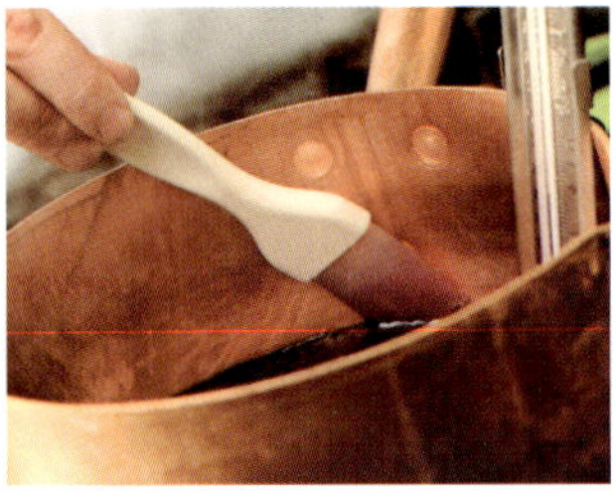

1 Den Backofen auf 180 °C (Umluft 160 °C) vorheizen. Die Vertiefungen eines Muffinblechs einfetten und das Blech in den Gefrierschrank stellen; ersatzweise Papierförmchen in das ungefettete Muffinblech setzen.

2 Das Mehl mit dem Muskat, dem Backpulver und dem Natron sorgfältig vermischen.

3 50 Gramm Zucker in einem kleinen Topf bei schwacher Hitze karamellisieren lassen. $1/2$ Tasse Wasser hinzufügen und das Ganze unter Rühren 1 Minute erhitzen; dann abkühlen lassen.

4 Die Eier trennen. Die Butter mit dem restlichen Zucker schaumig schlagen. Erst das Eigelb, dann nach und nach die Buttermilch und zuletzt den Karamell zufügen. Das Eiweiß sehr steif schlagen und vorsichtig unterheben.

5 Den Teig in die Blech-Vertiefungen einfüllen. Im heißen Backofen 20 bis 25 Minuten backen. Die Muffins noch im Backblech 5 Minuten ruhen lassen, dann auslösen und auf einem Kuchengitter abkühlen lassen.

6 Die Kuvertüre nach Packungsanweisung im Wasserbad schmelzen. Die Muffins gleichmäßig überziehen und auf einem Kuchengitter trocknen lassen.

Kopenhagener Muffins

1 Den Backofen auf 180 °C (Umluft 160 °C) vorheizen. Die Vertiefungen eines Muffinblechs einfetten und das Blech in den Gefrierschrank stellen; ersatzweise Papierförmchen in das ungefettete Muffinblech setzen.

2 Das Mehl mit der klein geschnittenen Marzipanrohmasse, 50 Gramm gehackten Mandeln, dem Backpulver und dem Natron sorgfältig vermischen.

3 In einer zweiten großen Schüssel das Ei leicht verquirlen. Den Zucker, das Pflanzenöl und die Buttermilch dazugeben und alles gut verrühren.

4 Die Mehlmischung zum Eigemisch geben; ab nun nur so lange rühren, bis die trockenen Zutaten gerade feucht geworden sind.

5 Die Hälfte des Teiges in die Blech-Vertiefungen einfüllen. Je 1 Teelöffel Konfitüre darauf geben und mit dem restlichen Teig auffüllen.

6 Die Muffins mit den restlichen Mandeln bestreuen und im heißen Backofen 20 bis 25 Minuten backen. Die Muffins anschließend noch 5 Minuten im Backblech ruhen lassen, erst dann herausnehmen und nach Belieben warm oder kalt servieren.

ERGIBT 12 STANDARD-MUFFINS

250 g Mehl

50 g Marzipanrohmasse

90 g gehackte Mandeln

2 TL Backpulver

1/2 TL Natron

1 Ei

90 g Zucker

80 ml Pflanzenöl

300 ml Buttermilch

4 EL Aprikosenkonfitüre

Fett für das Blech oder 12 Papierförmchen

Torten-Muffins

1 Den Backofen auf 180 °C (Umluft 160 °C) vorheizen. Die Vertiefungen eines Muffinblechs einfetten und das Blech in den Gefrierschrank stellen.

2 Das Mehl mit der Speisestärke, den Mandeln, dem Backpulver und dem Natron vermischen. In einer Schüssel das Ei leicht verquirlen. 100 Gramm Zucker, Butter, saure Sahne und Buttermilch dazugeben und alles gut verrühren. Die Mehlmischung unterrühren, bis alles feucht ist.

3 Den Teig in die Blech-Vertiefungen einfüllen. Im heißen Backofen 20 bis 25 Minuten backen. Die Muffins im Backblech noch 5 Minuten ruhen lassen, dann herausnehmen und auf einem Kuchengitter abkühlen lassen.

4 Quark mit dem restlichen Zucker sowie der Schale und dem Saft der Zitrusfrüchte gut verrühren. Die Gelatine 5 Minuten in kaltem Wasser einweichen, ausdrücken und in dem erhitzten Weißwein auflösen. Mandeln und Gelatine zum Quark geben. Die Sahne steif schlagen und unterheben. Die Creme 1 ½ Stunden kalt stellen.

5 Muffins durchschneiden. Mit der Creme bestreichen und zusammensetzen. Creme in einen Spritzbeutel füllen und die Muffins verzieren. Mandelblättchen ohne Fett in der Pfanne rösten. Abkühlen lassen und auf die Muffins streuen.

ERGIBT 12 STANDARD-MUFFINS

100 g Mehl

100 g Speisestärke

60 g gemahlene Mandeln

2 TL Backpulver

½ TL Natron

1 Ei, 160 g Zucker

125 g weiche Butter

120 g saure Sahne

150 ml Buttermilch

250 g Quark

Je 1 TL abgeriebene Schale einer unbehandelten Orange und Zitrone

Je 2 EL Orangen- und Zitronensaft

3 Blatt Gelatine

2 EL Weißwein

40 g gehackte Mandeln

125 ml Sahne

60 g Mandelblättchen

Fett für das Blech

Krokant-Muffins

ERGIBT 12 STANDARD-MUFFINS

100 g Frischkäse

130 g Haselnusskrokant

2 TL Puderzucker

240 g Mehl

2 TL Backpulver

½ TL Natron

1 Ei

90 g Zucker

80 ml Pflanzenöl

280 ml Buttermilch

150 g Haselnusskuvertüre

Fett für das Blech oder 12 Papierförmchen

1 Den Backofen auf 180 °C (Umluft 160 °C) vorheizen. Die Vertiefungen eines Muffinblechs einfetten und das Blech in den Gefrierschrank stellen; ersatzweise Papierförmchen in das ungefettete Muffinblech setzen.

2 Für die Füllung den Frischkäse mit 2 Teelöffel Haselnusskrokant und dem Puderzucker verrühren.

3 Das Mehl mit 60 Gramm Krokant, dem Backpulver und dem Natron sorgfältig vermischen.

4 In einer weiteren Schüssel das Ei leicht verquirlen. Den Zucker, das Pflanzenöl und die Buttermilch dazugeben und gründlich unterrühren. Die Mehlmischung zugeben und so lange weiterrühren, bis die trockenen Zutaten feucht sind.

5 Die Hälfte des Teiges in die Blech-Vertiefungen einfüllen. Je 1 Teelöffel der Füllung darauf geben und mit dem restlichen Teig auffüllen. Die Muffins im heißen Backofen 20 bis 25 Minuten backen. Noch 5 Minuten in der Backform ruhen lassen, dann herauslösen und auf einem Kuchengitter abkühlen lassen.

6 Die Kuvertüre im Wasserbad schmelzen. Die Muffins hineintauchen, abtropfen lassen und mit dem restlichen Krokant bestreuen.

Berliner Muffins

1 Den Backofen auf 180 °C (Umluft 160 °C) vorheizen. Die Vertiefungen eines Muffinblechs einfetten und das Blech in den Gefrierschrank stellen; ersatzweise Papierförmchen in das ungefettete Muffinblech setzen.

2 Das Mehl mit 1/2 Teelöffel Zimt, dem Backpulver und dem Natron sorgfältig vermischen.

3 In einer weiteren großen Schüssel das Ei leicht verquirlen. 90 Gramm Zucker, das Pflanzenöl und die Milch zugeben und alles gut miteinander verrühren.

4 Die Mehlmischung zum Eigemisch geben, jedoch nur noch so lange weiterrühren, bis die trockenen Zutaten gerade feucht sind.

5 Die Hälfte des Teiges in die Blech-Vertiefungen einfüllen. Je 1 Teelöffel Konfitüre darauf geben und mit dem restlichen Teig auffüllen. Die Konfitüre muss völlig mit Teig bedeckt sein. Den restlichen Zucker und Zimt mischen und die Muffins damit bestreuen.

6 Die Muffins im heißen Backofen 20 bis 25 Minuten backen. Anschließend noch 5 Minuten im Backblech ruhen lassen, erst dann herausnehmen und nach Belieben warm oder kalt servieren.

ERGIBT 12 STANDARD-MUFFINS

240 g Mehl
1 1/2 TL Zimt
2 TL Backpulver
1/2 TL Natron
1 Ei
130 g Zucker
80 ml Pflanzenöl
260 ml Milch
4 EL Johannisbeerkonfitüre
Fett für das Blech oder 12 Papierförmchen

Bienenstich-Muffins

ERGIBT 12 STANDARD-MUFFINS

60 ml Schlagsahne

20 g Honig

110 g Zucker

½ TL abgeriebene Schale einer unbehandelten Zitrone

150 g Mandelstifte

100 g Frischkäse

2 EL Puderzucker

1 Pck. Vanillezucker

1 TL Rum

240 g Mehl

2 TL Backpulver

½ TL Natron

1 Ei

80 ml Pflanzenöl

260 ml Buttermilch

Fett für das Blech oder 12 Papierförmchen

1 Den Backofen auf 180 °C (Umluft 160 °C) vorheizen. Die Vertiefungen eines Muffinblechs einfetten und das Blech in den Gefrierschrank stellen; ersatzweise Papierförmchen in das ungefettete Muffinblech setzen.

2 Für den Belag die Sahne mit dem Honig, 20 Gramm Zucker und der Zitronenschale in einem kleinen Topf zum Kochen bringen und unter Rühren etwa 2 bis 3 Minuten erhitzen. Dann die Mandelstifte unterrühren.

3 Für die Füllung den Frischkäse mit dem Puderzucker, dem Vanillezucker und dem Rum verrühren.

4 Das Mehl mit dem Backpulver und dem Natron sorgfältig vermischen. In einer zweiten Schüssel das Ei leicht verquirlen. Den restlichen Zucker, das Pflanzenöl und die Buttermilch unterrühren. Die Mehlmischung zugeben. Nur so lange rühren, bis die trockenen Zutaten feucht sind.

5 Die Hälfte des Teiges in die Blech-Vertiefungen einfüllen. Je 1 Teelöffel der Füllung darauf geben und mit dem Rest des Teiges bedecken. Den Belag darauf verteilen.

6 Die Muffins im heißen Backofen 20 bis 25 Minuten backen. 5 Minuten im Backblech ruhen lassen, herausnehmen und nach Belieben warm oder kalt servieren.

Zitronen-Muffins

ERGIBT 12 STANDARD-MUFFINS

280 g Mehl

2 TL abgeriebene Schale einer unbehandelten Zitrone

2 TL Backpulver

½ TL Natron

1 Ei

100 g Zucker

80 ml Pflanzenöl

250 g Naturjoghurt

½ Fl. Zitronenaroma

150 g Puderzucker

3–4 EL Zitronensaft

Fett für das Blech oder 12 Papierförmchen

1 Den Backofen auf 180 °C (Umluft 160 °C) vorheizen. Die Vertiefungen eines Muffinblechs einfetten und das Blech in den Gefrierschrank stellen; ersatzweise Papierförmchen in das ungefettete Muffinblech setzen.

2 Das Mehl in einer Schüssel mit der abgeriebenen Zitronenschale, dem Backpulver und dem Natron sorgfältig vermischen.

3 In einer weiteren, großen Schüssel das Ei leicht verquirlen. Dann Zucker, Öl, Naturjoghurt und Zitronenaroma zufügen und alles sorgfältig verrühren.

4 Das Mehlgemisch zur Eimasse geben. Nur noch so lange rühren, bis die trockenen Zutaten feucht sind.

5 Den Teig in die Blech-Vertiefungen einfüllen. Im heißen Backofen 20 bis 25 Minuten backen. Die Muffins anschließend im Backblech noch 5 Minuten ruhen lassen, dann herausnehmen und auf einem Kuchengitter völlig abkühlen lassen.

6 Für den Guss den Puderzucker mit dem Zitronensaft glatt rühren. Die Muffins kopfüber hineintauchen, gut abtropfen lassen und auf einem Kuchengitter völlig trocknen lassen.

Strudel-Muffins

1 Den Backofen auf 180 °C (Umluft 160 °C) vorheizen. Die Vertiefungen eines Muffinblechs einfetten und das Blech in den Gefrierschrank stellen; ersatzweise Papierförmchen in das ungefettete Muffinblech setzen.

2 Die getrockneten Äpfel in kleine Stücke schneiden. Mit dem Mehl, den Rosinen, den Mandeln, dem Zimt, dem Backpulver und dem Natron sorgfältig vermischen.

3 In einer zweiten Schüssel das Ei leicht verquirlen. Zucker, Butter, Buttermilch und saure Sahne dazugeben und alles gut miteinander verrühren.

4 Die Mehlmischung zum Eigemisch geben. Nur so lange rühren, bis die trockenen Zutaten feucht sind.

5 Den Teig in die Blech-Vertiefungen einfüllen. Im heißen Backofen 20 bis 25 Minuten backen. Die Muffins noch 5 Minuten im Backblech ruhen lassen. Dann herausnehmen und nach Belieben warm oder kalt servieren.

Tipp *Servieren Sie zu warmen Strudel-Muffins eine kalte Vanillesauce (Fertigprodukt). Dann schmecken die Muffins fast wie das Original im Wiener Kaffeehaus.*

ERGIBT 12 STANDARD-MUFFINS

60 g getrocknete Äpfel

260 g Mehl

40 g Rosinen

40 g gehackte Mandeln

1 1/2 TL Zimt

2 TL Backpulver

1/2 TL Natron

1 Ei

130 g Zucker

125 g weiche Butter

150 ml Buttermilch

150 g saure Sahne

Fett für das Blech oder 12 Papierförmchen

Aroma Mu

Exotische Gewürze,

Kaffee und

Alkohol

verleihen diesen Muffins ihren ganz besonderen Geschmack. Und ein kräftiger Schuss Fruchtsaft oder Limonade macht das Gebäck noch saftiger. Das schmeckt nach mehr!

tische
ffins

Anis-Muffins

ERGIBT 24 MINI-MUFFINS

190 g Mehl

40 g gehackte Nüsse

40 g Rosinen

1/2 TL gemahlene Anissamen

1/2 TL abgeriebene Schale einer unbehandelten Zitrone

1 1/2 TL Backpulver

1/2 TL Natron

1 Ei

60 g Zucker

60 ml Pflanzenöl

200 ml Buttermilch

Fett für das Blech oder 24 Papierförmchen

1 Den Backofen auf 180 °C (Umluft 160 °C) vorheizen. Die Vertiefungen eines Muffinblechs einfetten und das Blech in den Gefrierschrank stellen; ersatzweise Papierförmchen in das ungefettete Muffinblech setzen.

2 Das Mehl mit den Nüssen, den Rosinen, dem Anis, der Zitronenschale, dem Backpulver und dem Natron sorgfältig vermischen.

3 In einer weiteren großen Schüssel das Ei leicht verquirlen. Den Zucker, das Pflanzenöl und die Buttermilch dazugeben und alles gut verrühren.

4 Die Mehlmischung zum Eigemisch geben. Nur so lange rühren, bis die trockenen Zutaten feucht sind.

5 Den Teig in die Blech-Vertiefungen einfüllen. Die Muffins im heißen Backofen 15 bis 20 Minuten backen. Noch 5 Minuten in der Form ruhen lassen, dann herausnehmen und nach Belieben warm oder kalt servieren.

Tipp *Besonders intensiv ist der Geschmack des Anis, wenn die Samen erst unmittelbar vor der Verwendung im Mörser zermahlen werden. Denn so haben die ätherischen Öle kaum Zeit sich zu verflüchtigen.*

Gewürzkuchen-Muffins

1 Den Backofen auf 180 °C (Umluft 160 °C) vorheizen. Die Vertiefungen eines Muffinblechs einfetten und das Blech in den Gefrierschrank stellen; ersatzweise Papierförmchen in das ungefettete Muffinblech setzen.

2 Das Mehl mit der Raspelschokolade, 30 Gramm gehackten Walnüssen, dem Kakaopulver, 1/2 Teelöffel Zimt, den Nelken, dem Ingwer, dem Backpulver und dem Natron sorgfältig vermischen.

3 In einer weiteren großen Schüssel das Ei leicht verquirlen. 30 Gramm Zucker, den Honig, den Rum, das Bittermandelaroma, das Pflanzenöl und die Buttermilch zugeben und gut unterrühren.

4 Die Mehlmischung zum Eigemisch geben. Nur so lange rühren, bis die trockenen Zutaten feucht sind.

5 Für den Belag die restlichen Walnüsse mit der flüssigen Butter, dem restlichem Zimt und Zucker sorgfältig verrühren.

6 Den Teig in die Blech-Vertiefungen einfüllen und den Belag gleichmäßig auf dem Teig verteilen. Die Muffins im heißen Backofen 20 bis 25 Minuten backen, 5 Minuten im Backblech ruhen lassen, herauslösen und nach Belieben warm oder kalt servieren.

ERGIBT 12 STANDARD-MUFFINS

260 g Mehl

30 g Raspelschokolade

70 g gehackte Walnüsse

2 EL Kakaopulver

1 1/2 TL Zimt

1/2 TL gemahlene Nelken

1/2 TL gemahlener Ingwer

2 TL Backpulver

1/2 TL Natron

1 Ei

80 g Zucker

60 g Honig

1 EL Rum

1 Tropfen Bittermandelaroma

80 ml Pflanzenöl

280 ml Buttermilch

100 g flüssige Butter

Fett für das Blech oder 12 Papierförmchen

Schoko-Minz-Muffins

ERGIBT 12 STANDARD-MUFFINS

100 g Frischkäse

170 g Puderzucker

6–9 Tropfen Pfefferminzöl (aus der Apotheke)

100 g Raspelschokolade

260 g Mehl

2 TL Backpulver

½ TL Natron

1 Ei

100 g Zucker

80 ml Pflanzenöl

280 ml Buttermilch

Fett für das Blech oder 12 Papierförmchen

1 Für die Füllung den Frischkäse, 2 Esslöffel Puderzucker, 2 bis 3 Tropfen Pfefferminzöl und 2 Esslöffel Raspelschokolade zu einer glatten Creme verrühren; beiseite stellen.

2 Den Backofen auf 180 °C (Umluft 160 °C) vorheizen. Die Vertiefungen eines Muffinblechs einfetten und das Blech in den Gefrierschrank stellen; ersatzweise Papierförmchen in das ungefettete Muffinblech setzen.

3 Das Mehl mit 60 Gramm Raspelschokolade, dem Backpulver und dem Natron sorgfältig vermischen.

4 Das Ei leicht verquirlen. Den Zucker, 1 bis 2 Tropfen Pfefferminzöl, das Pflanzenöl und die Buttermilch dazugeben und alles gut verrühren. Die Mehlmischung zugeben. Nur so lange weiterrühren, bis die trockenen Zutaten feucht sind.

5 Die Hälfte des Teiges in die Blech-Vertiefungen geben. Je 1 Teelöffel der Füllung darauf geben und mit dem restlichen Teig auffüllen. Im heißen Backofen 20 bis 25 Minuten backen. Die Muffins noch 5 Minuten im Backblech ruhen lassen, dann auf einem Kuchengitter abkühlen lassen.

6 Den Puderzucker mit 3 bis 4 Esslöffel Wasser und 3 bis 4 Tropfen Pfefferminzöl verrühren. Die Muffins hineintauchen und mit der restlichen Raspelschokolade bestreuen.

Curry-Muffins

ERGIBT 12 STANDARD-MUFFINS

60 g getrocknete Äpfel

250 g Mehl

½ TL Curry

30 g Rosinen

50 g gehackte Nüsse

50 g Kokosraspel

2 TL Backpulver

½ TL Natron

1 Ei

90 g Zucker

80 ml Pflanzenöl

300 ml Buttermilch

Fett für das Blech oder 12 Papierförmchen

1 Den Backofen auf 180 °C (Umluft 160 °C) vorheizen. Die Vertiefungen eines Muffinblechs einfetten und das Blech in den Gefrierschrank stellen; ersatzweise Papierförmchen in das ungefettete Muffinblech setzen.

2 Die getrockneten Äpfel in kleine Stücke schneiden. Mit dem Mehl, dem Curry, den Rosinen, je 30 Gramm Nüssen und Kokosraspel sowie dem Backpulver und dem Natron sorgfältig vermischen.

3 In einer zweiten Schüssel das Ei leicht verquirlen. Den Zucker, das Pflanzenöl und die Buttermilch gründlich unterrühren. Die Mehlmischung zugeben und nur noch so lange rühren, bis die trockenen Zutaten feucht sind.

4 Den Teig in die Blech-Vertiefungen einfüllen und mit den restlichen Kokosraspel und Nüssen bestreuen. Die Muffins im heißen Backofen 20 bis 25 Minuten backen. Anschließend noch 5 Minuten im Backblech ruhen lassen, herausnehmen und nach Belieben kalt oder warm servieren.

Tipp *Wenn Ihnen der Geschmack des Currys zu intensiv ist, können Sie die indische Gewürzmischung durch ½ TL gemahlenen Safran ersetzen. Das feine Gewürz färbt den Teig ebenso schön gelb und passt gut zum Kokosaroma.*

Kokos-Orangen-Muffins

1 Den Backofen auf 180 °C (Umluft 160 °C) vorheizen. Die Vertiefungen eines Muffinblechs einfetten und das Blech in den Gefrierschrank stellen; ersatzweise Papierförmchen in das ungefettete Muffinblech setzen.

2 Das Mehl mit 60 Gramm Kokosraspel, dem Orangeat, der Orangenschale, dem Backpulver und dem Natron sorgfältig vermischen.

3 In einer weiteren Schüssel das Ei leicht verquirlen. Vom Orangensaft 4 Esslöffel abnehmen. Den Rest mit dem Zucker, der Marzipanrohmasse, dem Pflanzenöl und der Buttermilch zum Ei geben und gut unterrühren.

4 Die Mehlmischung zum Eigemisch geben. Nur so lange weiterrühren, bis die trockenen Zutaten feucht sind.

5 Den Teig in die Blech-Vertiefungen einfüllen. Im heißen Backofen 20 bis 25 Minuten backen. Die Muffins noch 5 Minuten im Blech ruhen lassen, herauslösen und auf einem Kuchengitter abkühlen lassen.

6 Für die Glasur den Puderzucker mit 3 bis 4 Esslöffel Orangensaft glatt rühren. Die Muffins in die Glasur tauchen, abtropfen lassen und mit Kokosrapel bestreuen. Auf einem Kuchengitter trocknen lassen.

ERGIBT 12 STANDARD-MUFFINS

240 g Mehl

90 g Kokosraspel

30 g Orangeat

1 TL abgeriebene Schale einer unbehandelten Orange

2 TL Backpulver

½ TL Natron

1 Ei, 160 ml Orangensaft

60 g Zucker

40 g Marzipanrohmasse

80 ml Pflanzenöl

180 ml Buttermilch

150 g Puderzucker

Fett für das Blech oder 12 Papierförmchen

Multi-Vitamin-Muffins

1 Den Backofen auf 180 °C (Umluft 160 °C) vorheizen. Die Vertiefungen eines Muffinblechs einfetten und das Blech in den Gefrierschrank stellen; ersatzweise Papierförmchen in das ungefettete Muffinblech setzen.

2 Für die Füllung den Frischkäse mit 2 Teelöffel Multi-Vitamin-Saft, 2 Esslöffel Puderzucker und der Orangenschale verrühren.

3 Das Mehl mit der Speisestärke, dem Paniermehl, dem Backpulver und dem Natron sorgfältig vermischen.

4 Das Ei leicht verquirlen. Den Zucker, das Pflanzenöl, 200 Milliliter Multi-Vitamin-Saft und die Buttermilch dazugeben und gut unterrühren. Die Mehlmischung zugeben. Nur so lange rühren, bis die trockenen Zutaten feucht sind.

5 Die Hälfte des Teiges in die Blech-Vertiefungen einfüllen. Je 1 Teelöffel der Füllung darauf geben und mit dem restlichen Teig auffüllen. Im heißen Backofen 20 bis 25 Minuten backen. Im Backblech 5 Minuten ruhen lassen, dann herausnehmen und auf einem Kuchengitter abkühlen lassen.

6 Den restlichen Puderzucker mit 3 bis 4 Esslöffel Multi-Vitamin-Saft glatt rühren. Die Muffins in die Glasur tauchen, abtropfen lassen und mit Zitronenschale bestreuen.

ERGIBT 12 STANDARD-MUFFINS

100 g Frischkäse

250 ml Multi-Vitamin-Saft

170 g Puderzucker

1/2 TL abgeriebene Schale einer unbehandelten Orange

150 g Mehl

60 g Speisestärke

60 g Paniermehl

2 TL Backpulver

1/2 TL Natron

1 Ei

90 g Zucker

60 ml Pflanzenöl

100 ml Buttermilch

1 TL abgeriebene Schale einer unbehandelten Zitrone

Fett für das Blech oder 12 Papierförmchen

Fanta-Muffins

ERGIBT 12 STANDARD-MUFFINS

100 g Frischkäse

165 ml Fanta

160 g Puderzucker

240 g Mehl

1 ½ TL abgeriebene Schale einer unbehandelten Orange

2 TL Backpulver

½ TL Natron

1 Ei

60 g Zucker

80 ml Pflanzenöl

125 ml Buttermilch

Fett für das Blech oder 12 Papierförmchen

1 Den Backofen auf 180 °C (Umluft 160 °C) vorheizen. Die Vertiefungen eines Muffinblechs einfetten und das Blech in den Gefrierschrank stellen; ersatzweise Papierförmchen in das ungefettete Muffinblech setzen.

2 Für die Füllung den Frischkäse mit 2 Teelöffel Fanta und 1 Esslöffel Puderzucker gut verrühren; beiseite stellen.

3 Das Mehl mit ½ Teelöffel abgeriebener Orangenschale, dem Backpulver und dem Natron sorgfältig vermischen.

4 In einer weiteren Schüssel das Ei leicht verquirlen. Den Zucker, das Pflanzenöl, 125 Milliliter Fanta und die Buttermilch dazugeben und alles gut verrühren. Die Mehlmischung zum Eigemisch geben. Nur noch so lange rühren, bis die trockenen Zutaten feucht sind.

5 Die Hälfte des Teiges in den Blech-Vertiefungen verteilen. Je 1 Teelöffel der Füllung darauf geben und mit dem restlichen Teig auffüllen. Im heißen Backofen 20 bis 25 Minuten backen. Die Muffins im Backblech noch 5 Minuten ruhen lassen, dann auf einem Kuchengitter abkühlen lassen.

6 Den restlichen Puderzucker mit 2 bis 3 Esslöffel Fanta glatt rühren. Die Muffins in den Guss tauchen, abtropfen lassen und mit der restlichen Orangenschale bestreuen.

Marzipan-Kaffee-Muffins

1 Den Backofen auf 180 °C (Umluft 160 °C) vorheizen. Die Vertiefungen eines Muffinblechs einfetten und das Blech in den Gefrierschrank stellen; ersatzweise Papierförmchen in das ungefettete Muffinblech setzen.

2 Die Marzipanrohmasse in kleine Stückchen schneiden. Mit dem Mehl, dem Kakaopulver, dem Backpulver und dem Natron sorgfältig vermischen.

3 In einer zweiten Schüssel das Ei leicht verquirlen. Den Zucker, das Öl, 125 Milliliter Kaffee und die Buttermilch miteinander verrühren. Die Mehlmischung zugeben und nur so lange weiterrühren, bis die trockenen Zutaten feucht sind.

4 Den Teig in die Blech-Vertiefungen einfüllen. Die Muffins im heißen Backofen 20 bis 25 Minuten backen. 5 Minuten im Backblech ruhen lassen, herausnehmen und auf einem Kuchengitter abkühlen lassen.

5 Den Puderzucker mit 3 bis 4 Esslöffel Kaffee zu einem glatten Guss verrühren. Die Muffins hineintauchen, abtropfen lassen und mit den Marzipanfigürchen hübsch verzieren.

Tipp *Wenn Sie statt Rohmasse Marzipankartoffeln verwenden, brauchen Sie etwas weniger Kakao.*

ERGIBT 12 STANDARD-MUFFINS

60 g Marzipanrohmasse
250 g Mehl
2 EL Kakaopulver
2 TL Backpulver
1/2 TL Natron
1 Ei
140 g Zucker
80 ml Pflanzenöl
165 ml Kaffee (kalt)
140 ml Buttermilch
150 g Puderzucker
12 Marzipanfigürchen
Fett für das Blech oder 12 Papierförmchen

Mocca-Sahne-Muffins

ERGIBT 12 STANDARD-MUFFINS

100 g Frischkäse

135 ml starker Kaffee oder Mocca (kalt)

2 EL Puderzucker

70 g Raspelschokolade

240 g Mehl

2 EL Kakaopulver

2 TL Backpulver

½ TL Natron

1 Ei

100 g Zucker

80 ml Pflanzenöl

100 ml Buttermilch

30 ml Sahne

150 g weiße Kuvertüre

12 Schoko-Mocca-Bohnen

Fett für das Blech oder 12 Papierförmchen

1 Den Backofen auf 180 °C (Umluft 160 °C) vorheizen. Die Vertiefungen eines Muffinblechs einfetten und das Blech in den Gefrierschrank stellen; ersatzweise Papierförmchen in das ungefettete Muffinblech setzen.

2 Für die Füllung den Frischkäse mit 2 Teelöffel Kaffee oder Mocca, dem Puderzucker und 1 Esslöffel Raspelschokolade zu einer glatten Creme verrühren.

3 Das Mehl mit der restlichen Raspelschokolade, dem Kakaopulver, dem Backpulver und dem Natron vermischen.

4 Das Ei leicht verquirlen. Den Zucker, das Pflanzenöl, den restlichen Kaffee oder Mocca, die Buttermilch und die Sahne dazugeben und alles gut verrühren. Die Mehlmischung unterrühren, bis die trockenen Zutaten feucht sind.

5 Die Hälfte des Teiges in die Vertiefung des Muffinblechs einfüllen. Je 1 Teelöffel der Füllung darauf geben und mit dem restlichen Teig auffüllen. Im heißen Backofen 20 bis 25 Minuten backen. Die Muffins im Backblech 5 Minuten ruhen lassen, herausnehmen und auf einem Kuchengitter abkühlen lassen.

6 Kuvertüre im Wasserbad schmelzen. Die Muffins hineintauchen und mit je 1 Schoko-Mocca-Bohne verzieren.

Cappuccino-Muffins

ERGIBT 24 MINI-MUFFINS

100 ml Instant-Cappuccino

40 g Cappuccino-Schokolade

190 g Mehl

3 EL Kakaopulver

1 1/2 TL Backpulver

1/2 TL Natron

1 Ei

60 g Zucker

60 ml Pflanzenöl

100 ml Buttermilch

100 g Puderzucker

Fett für das Blech oder 24 Papierförmchen

1 Den Backofen auf 180 °C (Umluft 160 °C) vorheizen. Die Vertiefungen eines Muffinblechs einfetten und das Blech in den Gefrierschrank stellen; ersatzweise Papierförmchen in das ungefettete Muffinblech setzen.

2 Den Instant-Cappuccino mit 100 Milliliter heißem Wasser nach Packungsanweisung zubereiten; abkühlen lassen. 3 Esslöffel abnehmen und für die Glasur beiseite stellen. Die Cappuccino-Schokolade in kleine Stückchen schneiden.

3 Das Mehl mit 1 1/2 Teelöffel Kakao, den Schokostückchen, dem Backpulver und dem Natron vermischen.

4 In einer weiteren großen Schüssel das Ei leicht verquirlen. Cappuccino, Zucker, Pflanzenöl und Buttermilch hinzufügen und gut unterrühren. Die Mehlmischung zugeben. Nur so lange rühren, bis die trockenen Zutaten feucht sind.

5 Den Teig in die Blech-Vertiefungen einfüllen. Im heißen Backofen 15 bis 20 Minuten backen. Die Muffins noch 5 Minuten im Backblech ruhen lassen. Anschließend auf einem Kuchengitter leicht abkühlen lassen.

6 Den verbliebenen Cappuccino mit dem Puderzucker glatt rühren. Die Muffins in die Glasur tauchen, abtropfen und trocknen lassen. Mit dem restlichen Kakaopulver bestäuben.

Espresso-Muffins

1 Den Backofen auf 180 °C (Umluft 160 °C) vorheizen. Die Vertiefungen eines Muffinblechs einfetten und das Blech in den Gefrierschrank stellen; ersatzweise Papierförmchen in das ungefettete Muffinblech setzen.

2 Für die Füllung den Frischkäse mit dem Instant-Kaffeepulver, dem Puderzucker und dem Kakaopulver zu einer glatten Creme verrühren.

3 Das Mehl mit dem Backpulver und dem Natron sorgfältig vermischen. In einer weiteren großen Schüssel das Ei leicht verquirlen. Den Zucker, das Pflanzenöl, den Espresso und die Buttermilch dazugeben und alles gut verrühren. Die Mehlmischung zum Eigemisch geben. Nur so lange weiterrühren, bis die trockenen Zutaten feucht sind.

4 Die Hälfte des Teiges in die Blech-Vertiefungen einfüllen. Je 1 Teelöffel der Füllung darauf geben, dann den Rest des Teiges gleichmäßig verteilen. Im heißen Backofen 20 bis 25 Minuten backen. Die Muffins noch 5 Minuten in der Form ruhen lassen, dann herauslösen und auf einem Kuchengitter abkühlen lassen.

5 Die Zartbitterkuvertüre nach Packungsanweisung im Wasserbad schmelzen. Die Muffins hineintauchen, abtropfen und auf einem Kuchengitter trocknen lassen.

ERGIBT 12 STANDARD-MUFFINS

100 g Frischkäse
1 TL Instant-Kaffeepulver
2 EL Puderzucker
1 TL Kakaopulver
250 g Mehl
2 TL Backpulver
½ TL Natron
1 Ei, 90 g Zucker
80 ml Pflanzenöl
125 ml Espresso (kalt)
150 ml Buttermilch
150 g Zartbitterkuvertüre
Fett für das Blech oder 12 Papierförmchen

Pharisäer-Muffins

1 Den Backofen auf 180 °C (Umluft 160 °C) vorheizen. Die Vertiefungen eines Muffinblechs einfetten und das Blech in den Gefrierschrank stellen; ersatzweise Papierförmchen in das ungefettete Muffinblech setzen.

2 Das Mehl mit den Rum-Rosinen, dem Instant-Kaffeepulver, 2 Esslöffel Kakopulver, dem Backpulver und dem Natron sorgfältig vermischen.

3 In einer zweiten Schüssel das Ei leicht verquirlen. Den Zucker, das Pflanzenöl, 50 Milliliter Rum, den Kaffee und 100 Milliliter Sahne dazugeben und alles gut verrühren.

4 Die Mehlmischung zum Eigemisch geben. Nur so lange rühren, bis die trockenen Zutaten feucht sind.

5 Den Teig sofort in die Blech-Vertiefungen einfüllen. Im heißen Backofen 20 bis 25 Minuten backen. Die Muffins noch 5 Minuten im Backblech ruhen lassen, dann herausnehmen und auf einem Kuchengitter abkühlen lassen.

6 Die Muffins mehrmals mit einem Zahnstocher einstechen und mit jeweils 1/2 Teelöffel Rum beträufeln. Die restliche Schlagsahne mit dem Vanillezucker steif schlagen. In einen Spritzbeutel mit Sterntülle füllen und die Muffins hübsch verzieren. Mit dem restlichen Kakaopulver bestreuen.

ERGIBT 12 STANDARD-MUFFINS

280 g Mehl

60 g Rum-Rosinen

1 EL Instant-Kaffeepulver

4–5 EL Kakaopulver

2 TL Backpulver

1/2 TL Natron

1 Ei

100 g Zucker

80 ml Pflanzenöl

110 ml Rum

150 ml starker Kaffee (kalt)

300 ml Sahne

1 Pck. Vanillezucker

Fett für das Blech oder 12 Papierförmchen

Irish Coffee-Muffins

ERGIBT 12 STANDARD-MUFFINS

100 g Frischkäse

2–3 EL Irish Whiskey

170 g Puderzucker

1 TL Instant-Kaffeepulver

260 g Mehl

2 TL Backpulver

1/2 TL Natron

1 Ei

90 g Zucker

80 ml Pflanzenöl

165 ml starker Kaffee (kalt)

160 ml Buttermilch

Fett für das Blech oder 12 Papierförmchen

1 Den Backofen auf 180 °C (Umluft 160 °C) vorheizen. Die Vertiefungen eines Muffinblechs einfetten und das Blech in den Gefrierschrank stellen; ersatzweise Papierförmchen in das ungefettete Muffinblech setzen.

2 Für die Füllung den Frischkäse mit 1 bis 2 Teelöffel Irish Whiskey, Puderzucker und Instant-Kaffeepulver zu einer glatten Creme verrühren; beiseite stellen.

3 Das Mehl mit dem Backpulver und dem Natron sorgfältig vermischen. In einer weiteren Schüssel das Ei leicht verquirlen. Den Zucker, das Pflanzenöl, 2 Esslöffel Irish Whiskey, 125 Milliliter Kaffee und die Buttermilch dazugeben und alles gut miteinander verrühren. Die Mehlmischung zum Eigemisch geben. Nur so lange rühren, bis die trockenen Zutaten feucht sind.

4 Die Hälfte des Teiges in die Blech-Vertiefungen einfüllen, je 1 Teelöffel der Füllung darauf geben und den restlichen Teig einfüllen. Die Muffins im heißen Backofen 20 bis 25 Minuten backen. Noch 5 Minuten im Blech ruhen lassen, herauslösen und auf einem Kuchengitter abkühlen lassen.

5 Den restlichen Puderzucker mit 3 bis 4 Esslöffel Kaffee glatt rühren. Die Muffins in die Glasur tauchen, abtropfen und auf einem Kuchengitter trocknen lassen.

Rum-Rosinen-Muffins

1 Die Rosinen waschen und gut abtropfen lassen. Mit dem Rum beträufeln und zugedeckt in einer kleinen Schüssel mindestens 1/2 Stunde durchziehen lassen. Dabei gelegentlich umrühren.

2 Den Backofen auf 180 °C (Umluft 160 °C) vorheizen. Die Vertiefungen eines Muffinblechs einfetten und das Blech in den Gefrierschrank stellen; ersatzweise Papierförmchen in das ungefettete Muffinblech setzen.

3 Das Mehl mit dem Backpulver und dem Natron sorgfältig miteinander vermischen.

4 In einer weiteren großen Schüssel das Ei leicht verquirlen. Die Rum-Rosinen zusammen mit dem Rum, den Zucker, das Pflanzenöl und die Buttermilch dazugeben und alles gut miteinander verrühren.

5 Die Mehlmischung zum Eigemisch geben. Jedoch nur so lange weiterrühren, bis die trockenen Zutaten gerade feucht geworden sind.

6 Den Teig in die Blech-Vertiefungen einfüllen. Im heißen Backofen 20 bis 25 Minuten backen. Die Muffins noch 5 Minuten in der Form ruhen lassen, dann herausnehmen und noch warm servieren.

ERGIBT 12 STANDARD-MUFFINS

60 g Rosinen

60 ml Rum

250 g Mehl

2 TL Backpulver

1/2 TL Natron

1 Ei

90 g Zucker

80 ml Pflanzenöl

230 ml Buttermilch

Fett für das Blech oder 12 Papierförmchen

Cognac-Muffins

1 Den Backofen auf 180 °C (Umluft 160 °C) vorheizen. Die Vertiefungen eines Muffinblechs einfetten und das Blech in den Gefrierschrank stellen; ersatzweise Papierförmchen in das ungefettete Muffinblech setzen.

2 Das Mehl mit den Nüssen, dem Backpulver und dem Natron sorgfältig vermischen. In einer zweiten Schüssel das Ei leicht verquirlen. Den Zucker, das Pflanzenöl, 80 Milliliter Cognac und die Buttermilch dazugeben und alles gründlich verrühren. Die Mehlmischung zugeben. Nur so lange weiterrühren, bis die trockenen Zutaten feucht sind.

3 Den Teig in die Blech-Vertiefungen einfüllen. Im heißen Backofen 20 bis 25 Minuten backen. Die Muffins im Backblech 5 Minuten ruhen lassen, dann herausnehmen und auf einem Kuchengitter abkühlen lassen.

4 Die Muffins mit einem Zahnstocher mehrmals einstechen und mit jeweils 1 Teelöffel Cognac beträufeln. Die Aprikosenkonfitüre durch ein Sieb streichen und mit 2 Teelöffel Wasser kurz aufkochen. Die Muffins damit einstreichen und etwa 2 Stunden trocknen lassen.

5 Die Kuvertüre nach Packungsanweisung im Wasserbad schmelzen. Die Muffins hineintauchen, abtropfen und leicht trocknen lassen. Mit je 1 Haselnuss verzieren.

ERGIBT 12 STANDARD-MUFFINS

240 g Mehl

60 g gemahlene Haselnüsse

2 TL Backpulver

½ TL Natron

1 Ei

90 g Zucker

80 ml Pflanzenöl

140 ml Cognac

200 ml Buttermilch

4 EL Aprikosenkonfitüre

150 g Zartbitterkuvertüre

12 Haselnüsse

Fett für das Blech oder 12 Papierförmchen

Grand Marnier-Muffins

ERGIBT 24 MINI-MUFFINS

190 g Mehl

40 g geriebene Zartbitter-schokolade

1 1/2 TL abgeriebene Schale einer unbehandelten Orange

1 1/2 TL Backpulver

1/2 TL Natron

1 Ei

60 g Zucker

60 ml Pflanzenöl

30 g klein geschnittenes Fruchtfleisch einer Orange

120 ml Grand Marnier

100 g Zitronenjoghurt

30 ml Buttermilch

100 g Puderzucker

1–2 EL Orangensaft

Fett für das Blech oder 24 Papierförmchen

1 Den Backofen auf 180 °C (Umluft 160 °C) vorheizen. Die Vertiefungen eines Muffinblechs einfetten und das Blech in den Gefrierschrank stellen; ersatzweise Papierförmchen in das ungefettete Muffinblech setzen.

2 Das Mehl mit der Zartbitterschokolade, 1/2 Teelöffel Orangenschale, dem Backpulver und dem Natron sorgfältig in einer Schüssel vermischen.

3 In einer weiteren großen Schüssel das Ei leicht verquirlen. Den Zucker, das Pflanzenöl, das Orangenfruchtfleisch, 100 Milliliter Grand Marnier, den Zitronenjoghurt und die Buttermilch dazugeben und gut unterrühren.

4 Die Mehlmischung zum Eigemisch geben, jedoch nur so lange rühren, bis die trockenen Zutaten feucht sind.

5 Den Teig in die Blech-Vertiefungen einfüllen. Im heißen Backofen 15 bis 20 Minuten backen. Die Muffins im Backblech 5 Minuten ruhen lassen, dann herausnehmen und auf einem Kuchengitter abkühlen lassen.

6 Den Puderzucker mit 1 bis 2 Esslöffel Grand Marnier und dem Orangensaft glatt rühren. Die Muffins in die Glasur tauchen, abtropfen lassen und mit der restlichen abgeriebenen Orangenschale bestreuen.

Spanische Kokos-Muffins

1 Den Backofen auf 180 °C (Umluft 160 °C) vorheizen. Die Vertiefungen eines Muffinblechs einfetten und das Blech in den Gefrierschrank stellen; ersatzweise Papierförmchen in das ungefettete Muffinblech setzen.

2 Das Mehl mit 60 Gramm Kokosraspel, der Orangenschale, dem Backpulver und dem Natron sorgfältig vermischen.

3 In einer zweiten Schüssel das Ei leicht verquirlen. Den Zucker, das Pflanzenöl, den Weißwein und die Buttermilch dazugeben und gut verrühren.

4 Die Mehlmischung zum Eigemisch geben. Nur noch so lange rühren, bis die trockenen Zutaten feucht sind.

5 Den Teig in die Blech-Vertiefungen füllen und jeweils 1 Teelöffel Kokosraspel darauf geben. Im heißen Backofen 20 bis 25 Minuten backen. Die Muffins noch 5 Minuten im Backblech ruhen lassen. Herausnehmen und nach Belieben warm oder kalt servieren.

Tipp *Wenn Sie gerne Schokolade essen, können Sie zusätzlich etwa 40 Gramm in nicht zu kleine Stücke geschnittene Zartbitterschokolade in den Teig mischen.*

ERGIBT 12 STANDARD-MUFFINS

240 g Mehl

120 g Kokosraspel

1 TL abgeriebene Schale einer unbehandelten Orange

2 TL Backpulver

1/2 TL Natron

1 Ei

90 g Zucker

80 ml Pflanzenöl

125 ml Weißwein

200 ml Buttermilch

Fett für das Blech oder 12 Papierförmchen

Weißwein-Muffins

ERGIBT 12 STANDARD-MUFFINS

60 g Rosinen

200 ml Weißwein

250 g Mehl

120 g Raspelschokolade

2 TL Backpulver

½ TL Natron

1 Ei

100 g Zucker

100 g Naturjoghurt

100 g saure Sahne

150 g Puderzucker

Fett für das Blech oder 12 Papierförmchen

1 Den Backofen auf 180 °C (Umluft 160 °C) vorheizen. Die Vertiefungen eines Muffinblechs einfetten und das Blech in den Gefrierschrank stellen; ersatzweise Papierförmchen in das ungefettete Muffinblech setzen.

2 Die Rosinen mit 2 Esslöffel Weißwein beträufeln und mindestens 30 Minuten ziehen lassen. Das Mehl mit 60 Gramm Raspelschokolade, dem Backpulver und dem Natron sorgfältig vermischen.

3 In einer weiteren großen Schüssel das Ei leicht verquirlen. Die Rosinen, den Zucker, 150 Milliliter Weißwein, den Naturjoghurt und die saure Sahne dazugeben und alles gut miteinander verrühren. Die Mehlmischung zum Eigemisch geben. Nur so lange rühren, bis die trockenen Zutaten feucht sind.

4 Den Teig in die Blech-Vertiefungen einfüllen. Im heißen Backofen 20 bis 25 Minuten backen. Die Muffins im Backblech 5 Minuten ruhen lassen, herausnehmen und auf einem Kuchengitter abkühlen lassen.

5 Den Puderzucker mit 2 bis 3 Esslöffel Weißwein glatt rühren. Die Muffins in die Glasur tauchen, abtropfen lassen und mit der restlichen Raspelschokolade bestreuen. Auf einem Kuchengitter trocknen lassen.

Löffelbiskuit-Muffins

ERGIBT 12 STANDARD-MUFFINS

130 g Löffelbiskuits

150 g Mehl

2 TL Backpulver

½ TL Natron

1 Ei

60 g Zucker

¼ TL Vanillearoma

80 ml Pflanzenöl

270 ml Buttermilch

3–4 EL Rum

Fett für das Blech oder 12 Papierförmchen

1 Den Backofen auf 180 °C (Umluft 160 °C) vorheizen. Die Vertiefungen eines Muffinblechs einfetten und das Blech in den Gefrierschrank stellen; ersatzweise Papierförmchen in das ungefettete Muffinblech setzen.

2 100 Gramm Löffelbiskuits in einen Gefrierbeutel füllen, diesen verschließen und mit einem Nudelholz mehrmals darüber rollen. Mit dem Mehl, dem Backpulver und dem Natron sorgfältig vermischen.

3 In einer zweiten Schüssel das Ei leicht verquirlen. Den Zucker, das Vanillearoma, das Pflanzenöl, die Buttermilch und 1 Esslöffel Rum zugeben; alles gut verrühren.

4 Die Mehlmischung zum Eigemisch geben. Nur so lange rühren, bis die trockenen Zutaten feucht sind. Die restlichen Löffelbiskuits in 2 bis 3 Zentimeter große Stücke brechen.

5 Die Hälfte des Teiges in die Blech-Vertiefungen füllen. Die Löffelbiskuitstückchen darauf geben und mit 2 bis 3 Esslöffel Rum beträufeln. Den restlichen Teig einfüllen.

6 Die Muffins im heißen Backofen 20 bis 25 Minuten backen. Anschließend noch 5 Minuten im Blech ruhen lassen, erst dann herauslösen und nach Belieben warm oder kalt servieren.

Amarettini-Muffins

1 Den Backofen auf 180 °C (Umluft 160 °C) vorheizen. Die Vertiefungen eines Muffinblechs einfetten und das Blech in den Gefrierschrank stellen; ersatzweise Papierförmchen in das ungefettete Muffinblech setzen.

2 Die Amarettini-Kekse in einen Gefrierbeutel geben, diesen verschließen und mit einem Nudelholz mehrmals darüber rollen. Die Marzipanrohmase in Stückchen schneiden. Keksbrösel, Marzipan, Mehl, Backpulver und Natron sorgfältig vermischen.

3 In einer zweiten großen Schüssel das Ei leicht verquirlen. Den Zucker, das Pflanzenöl, die Buttermilch und 80 Milliliter Amaretto dazugeben und alles gut verrühren. Die Mehlmischung ebenfalls zugeben. Nur noch so lange weiterrühren, bis die trockenen Zutaten feucht sind.

4 Den Teig in die Blech-Vertiefungen einfüllen. Die Muffins im heißen Backofen 15 bis 20 Minuten backen. Noch 5 Minuten im Backblech ruhen lassen, dann herauslösen und auf einem Kuchengitter abkühlen lassen.

5 Den Puderzucker mit 3 bis 4 Esslöffel Amaretto verrühren. Die Muffins mehrmals mit einem Zahnstocher einstechen und mit jeweils 1 Teelöffel Amaretto beträufeln. In den Guss tauchen, abtropfen und trocknen lassen.

ERGIBT 24 MINI-MUFFINS

40 g Amarettini-Kekse

50 g Marzipanrohmasse

190 g Mehl

1 1/2 TL Backpulver

1/2 TL Natron

1 Ei

40 g Zucker

60 ml Pflanzenöl

120 ml Buttermilch

180 ml Amaretto-Likör

100 g Puderzucker

Fett für das Blech oder 24 Papierförmchen

Impressum

Weltbild Buchverlag

2. Auflage 1999

Redaktion: Sylvie Hinderberger, München
Einbandgestaltung und Layout: Greenstuff, Iris und Jochen Grün, München
Fotografien: Kai Mewes, München
Satz: Alberto Salamanca, München
Lithoarbeiten: Repro Mayr, Donauwörth
Druck und Bindung: Druckerei Appl, Wemding

Gedruckt auf chlorfrei gebleichtem Papier

Printed in Germany

ISBN 3-89604-294-7

Register

Abkürzungen

EL = Esslöffel
TL = Teelöffel
g = Gramm
ml = Milliliter
Fl. = Fläschchen
Pck. = Päckchen
Msp. = Messerspitze